牟田静香

人が集まる！ 行列ができる！
講座、イベントの作り方

JN265088

講談社+α新書

まえがき

「年間の申し込み数約一三〇〇名、平均申し込み倍率三・三倍」と聞いたら、どんなイベントを思い浮かべるでしょうか。

プレゼントつきのイベント？　有名人がやってくるイベント？　大安売りのイベント？

いいえ、これは、「男女共同参画社会の実現のための講座」が残した数字なのです。信じられない、とおっしゃるのももっともです。

この一三〇〇名、三・三倍という数は、現在私が働いている東京都大田区立男女平等推進センター、愛称「エセナおおた」の男女共同参画社会の実現のための講座が実際に記録した数字です。現在「エセナおおた」主催の講座はほとんどが定員オーバーであり、抽選を余儀なくされています。今では「『エセナおおた』の講座に当選するなんてラッキー」という人、「人気のある『エセナおおた』主催の講座だから、区報や、チラシを見たらともかく申し込んじゃう！」という人、さらには、「競争率がこれ以上上がらないように、講座があることを誰にも教えない」という人までいるほどです。

私が「エセナおおた」に参加したのは二〇〇三年、今から四年前です。

日本中で、公共機関でやる講座やイベント、いえ、公共機関だけでなく民間でやる講座やイベントでも「人が集まらない」という悩みを抱えています。公共機関だったら、税金の無駄遣いのうえ、大事な情報が住民に知らされないことにもなりますし、もし民間だったら死活問題です。

ところが「エセナおおた」では並み居るベテラン企画員をさしおいて、参加一年目の「しろうと」の私が企画した講座に申し込みが殺到するようになり、今では、「講座の作り方」を教えてほしいという依頼に全国をとびまわるほどになったのです。

いろいろな地方に伺ってみると、たしかに日本全国で、「人は集まっていない」のが現実です。しかし、私は、人口が多かろうが少なかろうが、天気がよかろうが悪かろうが、無料だろうが有料だろうが、人が集まることに関係ないと申し上げています。この本は、東京・大田区の講座に人が集まるようになるまでの経緯と私が全国でお話ししている私なりのやり方をご説明したものです。

そもそも私は生まれも育ちも福岡県で、夫の勤務先が東京だったため、八年前に福岡から東京の大田区に越して来ました。福岡では国内線のCA（キャビン・アテンダント＝客室乗務員）という、好きだし、大変やりがいのある仕事をしてきたのですが、夫についていくのが当然という周囲の意見に押され、そして何より自分でそう思い込んで、仕事を泣く泣くやめて、友達もほとんどいない東京に来たのです。当時は不安で不安でたまりませんでした。

　一日誰とも話さなかった、一歩も外に出なかったという日が続き、「何で仕事をやめてしまったのだろう……仕事を続けていればもっと充実した生き方ができたかもしれない……」と思うようになりました。仕事をやめることは自分で決めたはずですが、いつしか夫を恨むようにまでなりました。思えばその頃の私は東京で自分の居場所を見つけることができていなかったのでしょう。

　もやもやがたまり、苦しんだのです。そんなときに区の掲示板で「エセナおおた」の存在を知り、講座に出てみました。

「エセナおおた」で受けた講座で、私がなぜ東京に来たばかりの頃に不安感があったのかが理解でき、心が軽くなったのです。気づいたらすっかり「エセナおおた」にはまっていて、足しげく通うようになり、とうとう今では常勤で働いています。私にとって「エセナおおた」は「私」を取り戻させてくれた恩人でもあります。

　さて、しばらくして、私を救ってくれた「エセナ」の講座に、「ホントに人が来ない」ということに気がつきました。

　たしかに、当時どの講座もほとんど人が来なくて、無理やり集めるから知り合いばっかりだったのです。そのため講座終了後のアンケートを書いてくれる人もとても少なかったのです。皆義理で来てくれているので、終わったらとっとと帰るため、誰もアンケートなど書いてくれないのです。

はじめて「エセナおおた」で講座の企画に関わったとき、私自身「男女共同参画セミナー」というセミナー名に違和感を覚えたことを鮮明に覚えています。

しかもベテランの講座企画者たちは「こんなに有名な講師を集めたのに何で人が来ないのだろう……」と嘆いていたのです。こんなヘンなタイトルで、人が集まるのだろうか、と私は内心思っていました。講師は「男女共同参画」という狭い世界では有名でも、「不特定多数」の中ではほとんど知られていない方々です。

私はボランティアだし、いつやめたっていいという立場の自由さもあり、「おかしいですよ」「それってヘンじゃないですか」と大胆に言ってしまいました。「私はこんな講師一人も知らないし、私だったらこんな講座行きたいと思いませんよ」と。

すごい跳ねっかえりが来たと思われたに違いありません。ベテランの皆さんからしたら、「福岡の田舎から来た男女共同参画が何かも知らないような子がいきなり入ってきて、何を言っているの？」という気持ちだったことでしょう。今となっては先輩方の人間力に感謝です。

しかし、ここから、私の闘いが始まったのです。

「そこまで牟田さんが言うなら一回やってみたら」と言われてだんだん企画に参加するようになりました。私はボランティアとはいえ、行政からお金をもらって実施している講座で定員割れして「税金の無駄遣い」と言われるのはすごく悔しかったのです。

でも、本当に人が呼べるようになるまでに、それから一年はかかりました。しばらくは定員割れの連続で悲しい思いをたくさんしました。

そんななかで私の心を支えたのは、講座に人を集めて、「もやもやして毎日つらい思いをして生きているかつての私と同じような人たちの笑顔が見たい」という強い気持ちかもしれません。受講者が三〇人いてそのうち一人二人はきっと、「はぁ〜っ！」っと、これまでの人生や考え方について納得するところがあるはず。私もそうだったので。

センターの企画に参加した〇三年は定員割れの連続でしたが、そのなかで工夫を重ね、〇四年は講座平均申し込み率三・三倍の快進撃となりました。こうして〇五年は一三勝一敗、〇六年も一三勝一敗というように変わっていったのです。

すると各地のたくさんの行政の方から「行列のできる講座・イベント作り」について教えてほしい、とか、「思わず手に取るチラシ作り」について講演をしてほしいとお声がかかるようになったのです。

講座に人を集めるポイントはたった二つです。

一つめはいろいろな人々が抱えている課題を分類しターゲットを徹底的に絞るということ、二つめはそのターゲットの心に響くタイトルをつけるということです。

ターゲットが定まれば、おのずと日程も決まってきます。

誰にでも来てほしいから講座の日程は土曜の午後にするという自治体はとても多いですが、誰にでも来てほしいということは結局、ターゲットが絞られていないということ。老若男女、既婚者も未婚者も、子どもがいる人もいない人も、働いている人も無職の人も、皆に来てほしいということです。

私は誰でもが来たい講座などというのは、ありえないと思っています。

課題を明確にすることによってターゲットを絞り込み、その課題をタイトルに持ってくることでターゲットは「私が行くべき講座だ」ということを認識するのです。

つまり、誰にでも来てほしい土曜の午後の講座には、誰も来ないということになりかねないのです。

この本には、どうすれば人の集まる講座が作れるのか、二〇〇三〜二〇〇七年春までに「エセナおおた」で実施した講座をもとに分析した知恵をすべて載せました。きっとさまざまなイベントや講座の企画・運営をする方のご参考になると信じています。講座に人を集めたい方はどうぞこの本の内容をまねしてみてください。失敗しても成功してもその原因を探ることが、次の講座を企画する際の材料となるはずです。
皆さまの企画の成功を心からお祈りしています。

二〇〇七年三月

東京都大田区立男女平等推進センター「エセナおおた」
指定管理者ＮＰＯ法人男女共同参画おおた
牟《む》田《た》静香《しずか》

◉もくじ

第一章　これさえあれば人が来る！　「面白さ」とは何か？

第七章　失敗に学び、次回の成功に結びつけるポイント

序章　人を集めるとはどういうことか

こんな講座は誰も来ない

左の表をごらんください。「方針決定の場への女性の参画」「まちづくりへの参画」……まるで役所の書類のような単語が並んでいます。じつはこれは、二〇〇三年五月から七月にかけて私たち「エセナおおた」で行った講座のプログラムです。

少なくとも、イベントや講座を開こうというからには、何らかの目的があるでしょう。しかし、自分たちの団体やグループの行動計画に沿って、何か事業を行うことと、その文言そのままを講座のタイトルやテーマに使うことはまったく違います。この表はお役所的文言そのままです。

案の定この講座は四〇名の募集に対し、動員（頼んで来てもらう）をかけてやっと

回	日時	テーマ
1	5月17日(土) 14：00～16：00	男女共同参画社会への展望
2	5月31日(土) 14：00～16：00	方針決定の場への女性の参画
3	6月7日(土) 14：00～16：00	まちづくりへの参画　I ～地域に目を向ける～
4	6月21日(土) 10：00～12：00	まちづくりへの参画　II ～大田区の現状～
	6月21日(土) 13：00～15：00	まちづくりへの参画　III ～自分たちの課題を見つける～
5	6月28日(土) 14：00～16：00	どう変わる社会保障（年金）
6	7月5日(土) 14：00～16：00	法律に見る女性の地位
7	7月12日(土) 14：00～16：00	グループ討議・発表

'03年5月から7月の講座のプログラム。お役所言葉が並んでいる

一六名の受講者という悲惨な結果でした。最終回の七回目の「グループ討議・発表」の参加者はなんとたった七名です。そのうち純粋な申込者は一名でした。ほかの六名は、「エセナおおた」の関係者、つまり「さくら」なのです。

興味のある内容をわかりやすく伝えないと区民は見向きもしないという典型例です。

どうしてこんな講座になるのか？

講座に人を集める場合、学校やＰＴＡ関係のような、かつて自分がどうしても参加しなくてはならなかった集まりをイメージしてしまいがちです。学校やＰＴＡ関係のことでしたら受講者や参加者のほうが、行かなくてはならない、と思い、出席します。

任意参加の集まりの場合、「いいことをやるのだから、人が来るだろう」と思うのは大間違いです。学校やＰＴＡだって参加者は義務で仕方なく集まっているのですから、そういう義務がない集まりに人を呼ぶのは大変難しいことなのです。

「エセナおおた」でも、これまでは人が集まらなくても、「一生懸命やったし」「まあ、人は少なかったけどいい講座だったし」というところで終わっていました。しかし、私は「ともかく講座に人を集めなくてはダメだ」と感じ、説得し続けました。ベテランの企画者もはじめは「この子はいったい何を言ってるんだろう。何を細かいことをいろいろ言って」という感じだったのですが、だんだんわかってもらえるようになったのです。私が何にこだわったかを順番にお話ししましょう。

人が来ないのを天気のせいに

まえがきでも述べたように、二年ほど前から講座の企画方法について、自治体の講演会などに呼んでいただくことがとても増えました。それほど、どの自治体でも講座に人が集まらなくて困っているということなのでしょう。

そういう講座の担当者の方があきらめ顔におっしゃること、つまり言い訳にはいくつかパターンがあります。

「ここは人口が少ないですから」

そういうとき、

「人口は関係ありません」

と、私は申し上げます。大田区の人口は六八万人と大変多いですが、講座にはさっぱり人が来ていませんでした。

「当日天気が悪かったので、人が来なかった」、あるいは「当日天気がよすぎて、皆ほかへ行ってしまった」などと天気のせいにする自治体。

「住民の方の意識が低くて」と言う自治体。「民度が低いので」と言う方もいました。

意識を高めるために講座をやっているので、本末転倒な言い訳です。「人権」や「男女共同参画」など意識改革を目的とした講座なのにこういう言い訳が非常に多いのです。逆に「意識の高い」人だけが来る講座でよいのでしょうか？　さらに言えば、意識が高い、低いではなく、意識のない人に参加してもらうことが必要なのではないでしょうか。

そして言い訳第一位は「人が来なくてもいい、核となる人が育てばよい」です。人が来ない講座なのにどうして核となる人を発掘することができるのでしょうか。

さらに行政の方に多い言い訳が「人が来ないからこそ行政でやる意義がある」というものです。

そういう場合は、「講座に人が集まらなければ税金の無駄遣いです。企画と広報が悪いので人が集まらないのです」とはっきり申し上げます。そして「人が集まらなかった言い訳を探すよりも、どうやったら人が集まる講座を作ることができるのかを考えましょう」とお話しします。

二〇〇五年三月に「エセナおおた」でシニア向けの講座を行なったときのことでした。五回連続講座でそのうち一回は大雨、一回は雪が降り電車も遅れ気味になりました。さすがに今日は欠席が多いかもしれないなと考えながら講座の準備をしていたところ、欠席どころか講座開始一時間以上も前に続々と受講者がいらっしゃるのです。「電車が遅れていたから早めに来ました」と言いながら。

受講者の方は、行きたい講座であれば、たとえ天気が悪くても出席なさるのだということがよくわかりました。「これからは、天気を言い訳にしない！」そう誓ったのです。

こういうことを東北のある地域でお話しした際、受講者から「毎年二月、三月は雪が多く市民は外出を避けるため講座は実施していない。そういうときも、講座を行なったほうがいいのでしょうか」というご質問を受けたことがあります。市民が外出をしないということをわかっているのであれば、参加は見込めないし、第一危険なので講座は計画しないほうがいいですよとお答えしました。私は「人が来ない言い訳を天気のせいにするな」と言いたいのであって、天気が悪いことがわかっている時期にも講座をやろうと言っているわけではありません。

有料、無料の話は後述しますが、以前、千葉県の民間のカルチャースクールの職員の方が私の講座に参加したときの話です。「千葉県は公共の無料の講座が多いので、民間の有料の講座には人が集まらない」と嘆いていらっしゃいました。しかし、「千葉県の無料の講座、つまり公民館でやる講座にも人は集まっていないんですよ」と言ったら、「有料、無料の問題じゃないのですね、もっとほかの原因があるなら考えなくては」とおっしゃっていました。さすが、民間の方は生き残りをかけて必死ですから、反応が早いと思いました。

じつは、これらの言い訳は、私自身が定員割れの講座をくり返し作っている頃にしていたものと同じなのです。だから言い訳する担当者の気持ちはわかるのです。

とくに、人権、男女共同参画のようなマジメな問題というのは、基本的に人が集まらないものだと、担当者がはじめからあきらめている気配さえあります。各地の女性センターに「○○の講座はどのくらい人が来ましたか？」と機会のあるごとに聞いてみると、多くて二○名とか一○名という答えが多いのも事実です。

しかし、結果がどうあれ、担当者は、やればすむという気持ちになってきがちで、定員割れしても平気になってしまうのです。定員割れしたからといって、とくに罰則があるわけでもない。定員割れした講座については、「人が集まらなかったんですね。じゃあ、来年やらなければいいですよね」と結論を出して平気なのです。

「人を集めよう！」ではなくて、「来年やめましょ、この講座」って。

企業だったら、「やめる」ことになれば職を失います。それなのに、原因をはっきりつかみもしない、工夫もしないで、「やめてしまえ」となるのです。

そうなっては、せっかくお金と労力を使って講座を開いたのが無駄になるし、そのセンター自体がなくなる危機に陥るではありませんか。私はそこが一番気になります。

たとえば、子育てを終えた六〇代、七〇代の女性しか来ない。そういう一定層しか来ない会館やセンターは、区議会議員からすると「みんなの、区民のセンターになってないじゃないか」と。男女平等に反対している人たちにとっては目障りなセンターなので、「じゃあ、つぶしてしまえ」ということになりかねません。

ニーズがないのか?

男女共同参画ということに関して「人が来ない」と言うと、「男女共同参画というニーズはないからじゃないの」、あるいは「女の時代といわれているのに、今さら。もう十分に行き渡っているじゃない」というように考えられてしまうわけです。もう役割は終わった、社会はもう十分、男女共同参画しているんだ、発展的解消であると。

しかし、実態はそんなことはないのです。まだまだ男女平等どころか、DV(パートナーなどによる家庭内暴力)やセクハラ、虐待、差別など家庭や地域のなかでは問題がたくさんあるのです。そして、表立って気がつかない問題に気づいてもらうきっかけが、講座やイベントで作れるはずなのです。これこそ「行政の役割」のはずです。だから、「人が来なくてもいい」のではなく、「気づいてもらうためにもたくさんの人に来てもらう工夫をしなくてはならない」のです。

もし飲料会社の人がジュース部門に配属されて、皆が飲んでいるオレンジジュースを何とかしてもっと売らなくてはならないとしたら、どうするでしょうか。

もう行き渡っているなんて安閑《あんかん》としている場合ではありません。サプリメントを入れるとか、新しい品種のオレンジを輸入するとかいろいろ工夫して新商品を考えるでしょう。つまりオレンジジュースというものをとことん考え抜いて、もう一度需要を見つめて、飽和状態だったはずの市場に新鮮な商品を打ち出していく、そういうことはあらゆる業界で日常茶飯事のはずなのです。

つまり人が来ない、みんな行き渡っているんでしょう、と考えるのは、もうジュースは売れない、ジュースは飽きているんでしょう、というのと似ているのです。ジュースに対する需要は常にある、なら、何か工夫すればまだ売れる。もし他社で新しい商品が出て売れたら、「あ、ああいう方法があったのか！」とあわてて対抗の商品を考え、競争になるでしょう。何より、普通の会社だったら、ニーズがないなんて自分の仕事を結論づけたら、それこそ収入を失うことになります。

タイトルを変えただけで人が来る

二九ページの二つのイベントをくらべてください。じつは、どちらも内容はほとんど同じ講座です。それなのに、二〇〇四年は応募数が倍増したのです。

二〇〇三年のものは、募集が一五組に対し、応募数が二六組。二〇〇四年のものは対象の子どもを「小学生以下」から「小学生」に変え、費用も七〇〇円から一〇〇〇円に値上げし、条件は厳しくなってさえいるのに、応募数が倍に増えて五二組になったのです。

その秘密はタイトルにあります。二〇〇四年はずばり「そば打ち」のイベントだとうたってあります。これだけで「倍増」です。

ですから、工夫といっても、それほどたいした工夫が必要なわけではありません。なにも、派手なものをやらなくてはならないとか、お祭り騒ぎのようなことをしないとダメだということではないのです。タイトルを変えただけです。

ここが私が「ちょっとした違いで、誰でも人を呼べるイベントを作れる」と言いたいところなのです。

地味でも「面白い講座」はある

たとえば、男女共同参画、人権、環境問題のようなテーマ、こういうテーマは講師も地味だし、人が集まらなくて当然……と、はなから決めつけられがちなのですが、来てくれた方の意見を伺うと、「出てみたら面白かった。講師のお話も面白かったし、テーマも興味深か

同じ内容の講座の応募数が倍になる！

2003年

> **男性の家庭参画セミナー**
> そば打ちを通して、家事や育児の時間を増やす
> きっかけを作りませんか。
>
> ▶対象　小学生以下のお子さんと男性の保護者
> ▶日時　7月27日（日）午前10時〜午後1時
> ▶費用　材料費700円
> ▶定員　抽選で15組（初めての方優先）

➡ **応募 26組**

2004年

> **名人が教える手打ちそば作り**
>
> ▶対象　小学生と男性の保護者
> ▶日時　7月31日（土）午前10時〜午後1時
> ▶費用　1000円
> ▶定員　抽選で15組

➡ **応募 52組**

った」というものが多いのです。

人が来ないのはけしてテーマや講師のせいではないのです。だから、テーマとか、ジャンルで面白い、つまらないがあるのではなく、個別に「面白さ」は作れるし、むしろその「面白さ」を伝える工夫が必要なのだと思うのです。人の心に訴える面白さと、その効果的な表現の工夫が必要なのです。

この「面白さ」こそ、あらゆることに通じるテーマではないかと私は思っています。

大講演会一回より小さな連続講座

たしかに有名な講師を呼んでの大講演会をやると、担当者は大きな達成感にひたれます。前々から先生に連絡をとったり、会場を押さえたりと大変だけど、すごく人が来てくれて、充実感がある。やっぱり大先生やビッグイベント、大予算でないと成功はおぼつかないと思ってしまうのです。でも、それは自己満足です。

講演会をやるたびに思うのです。たしかに話はよかった、面白かった、でも、来た人はさしてメモをとるわけでもなく、単に講師の話を聞くだけで、もちろん何かひと言くらいは印象に残るにせよ、有名な講師の顔を生《なま》で見てみたいという以上のものではないのかもしれないと。映画を見たり、お芝居を見るのと同じで、家に帰ったらさっと日常にもどってしまう。仲間ができるわけでもないし、グループもできない。

　春と秋の大きなイベントには人が集まるけれど、普段はガラガラの商店街のようなもの。そしてイベントに来た人がそれ以後その商店街でものを買うようになってくれなかったら、商店街の活性化というせっかくのイベントも、本来の目的は果たされないはずです。

　そうした考えから、「エセナおおた」では、連続講座をとても重視しています。連続講座だと人が集まらないといっている場合ではなく、連続講座をやらなくてはいけないと思ったのです。

　一回だけならせいいっぱい動員をかけて人を集めることはできます。また講師によってはその一回で意識を変えてしまうほどの話をしてくれる人もいますが、非常にまれな例です。

　一回の講演会では、人の意識を変えるほどの力はないと思うのです。人間の意識は、人と話をしながら、人と人とのつながりの中で自分と同じことを考えている人がいるとか、自分と違う考えの人がいるとか、そういう違いを確認しながら時間を過ごしていくことによって深まっていき、自分の生活に浸透していくのです。

　とはいえ、やはり年二回ぐらいの講演会は行います。でもそれは、連続講座に来てもらうための誘い水です。このセンターを知ってもらい、方向性を知ってもらうため、すなわち連続講座につなげるための講演会なのです。

質問されることもあります。「なぜ連続講座を、牟田さんはできるのですか」と。「連続講座を成り立たせられること自体がもう信じられない」という声があがるのです。「人が集まらないのはつまらないから、面白くないからですよ」とお答えします。「面白ければ連続講座でも人は来ますよ」と。

また、「その面白さがわからない」とおっしゃるのです。「来た人が何をもって面白いと思うのかがわからない。講師も有名ではないし」と。「そこがわからないから、結局連続講座ができないのです」とおっしゃるのです。そのお気持ちはすごくわかります。なぜなら、私たち自身が、失敗したりなんとか成功したりしながら「面白さ」について考えてきたからです。次の章から私たちの失敗と成功をお話ししていきます。

第一章　これさえあれば人が来る！「面白さ」とは何か？

どちらの講座に人が集まったでしょう？

その①

GENDER-EQUALITY SEMINAR

平成15年度男女共同参画セミナー　**参加者募集のお知らせ**

大きく社会情勢が動いています。その中で男女共同参画社会がめざしているものを考え、地域の中で女性がエンパワーメントをするために法律や制度を学ぶ講座です。 ①

変わりゆく社会と女男《ひと》 第1期　保育付

	日　時	テーマ	講　師
1	5月17日(土) 14:00〜16:00	男女共同参画社会への展望	山口みつ子 (市川房枝記念会)
2	5月31日(土) 14:00〜16:00	方針決定の場への女性の参画	落合 良 (win winの会事務局)
3	6月7日(土) 14:00〜16:00	まちづくりへの参画　I 〜地域に目を向ける〜	松川 淳子 (生活構造研究所)
4	6月21日(土) 10:00〜12:00	まちづくりへの参画　II 〜大田区の現状〜	大田区助役・まちづくりの会
	6月21日(土) 13:00〜15:00	まちづくりへの参画　III 〜自分たちの課題を見つける〜	黒岩 麗子(宇都宮大)
5	6月28日(土) 14:00〜16:00	どう変わる社会保障（年金）	杉井 静子(弁護士)
6	7月5日(土) 14:00〜16:00	法律に見る女性の地位	吉岡 睦子(弁護士)
7	7月12日(土) 14:00〜16:00	グループ討議・発表	

- 定　員　先着40名　　5月12日（月）から受付
（原則として各テーマ全てに参加していただける方）
- 会　場　大田区立男女平等推進センター　エセナおおた　1階特設会場
- 参加費　無料
- 保　育　先着10名、1歳以上の未就学児（5月14日迄受付時に申し込み）
但し、保育料有。1名1回300円（おやつ代・保険料含）

お申込み・お問い合わせ先

区民自主運営委員会
TEL **3766-6587**／FAX **5764-0604**
受付時間　**9:00〜17:00**（月曜〜金曜）
お申し込みは電話かFAXでお願いします。

主催：大田区立男女平等推進センター区民自主運営委員会
共催：大田区経営管理部男女平等推進室

保育つき

10回連続講座

わたし♡へのごほうび講座

9月28日(木)～12月7日(木)

ただし、10月の第3週は10月20日(金)に変わります。また11月23日(祝)はありません。

ほぼ毎週木よう日 10:00～12:00

開催日時：２００６年９月２８日(木)、10月５日(木)、12日(木)、20日(金)、26日(木)、
11月２日(木)、9日(木)、16日(木)、30日(木)、12月７日(木)　10時～１２時

定　員：30人（応募者多数の場合は抽選です）　　参加費：無料

対　象：45歳以下の女性で現役ママ、もしくはプレママの方　９月20日(水)締切

保　育：１歳以上未就学のお子さんを30人まで講座中お預かりします。
保育料はひとり１回500円です。

会　場：エセナおおた　〒143-0016 大田区大森北4-16-4（JR大森駅から徒歩８分）

講　師：過去の講座で子育て中の女性にとても評判の良かった５人の講師をそろえました！
●岡智子さん(アサーティブトレーナー)、●白井里美さん(保育ネットワーク“Bear”代表)、
●加藤千恵さん(東京女学館大学助教授)、●橋本明子さん(WEN-DOインストラクター)、
●中屋映子さん(カラーセラピスト)

申込方法：E-Mailまたは往復はがきでお申込ください。(詳細は裏面)

主　催：大田区立男女平等推進センター「エセナおおた」　　共　催：大田区

この事業はNPO法人男女共同参画おおたが区の補助を受けて実施しています。

②

←答えは次のページ

〈答え〉

①は、動員をかけてやっと一六名
②は、定員オーバー、申し込みメールがどんどん届く

チラシを見た人の意見

①のチラシの講座

テーマが難しい
講師が大学の先生や弁護士で硬そう
チラシが安っぽい、字が見にくい
主催者が言いたいことだけを書いている
開講時間が一日だけ変化している
イラストがつまらない
会場の住所も地図もない
受付から開始までわずか五日しかない

②のチラシの講座

ターゲットにとって興味のあるタイトル
ターゲットが絞り込まれている
曜日と時間がはっきりわかった
ターゲット層に合った書体を使っている
絵が楽しくて大きい
講師が知らない人だけど魅力を感じる説明がある
前回の感想がのっている（裏に）
保育つきが二色刷りで目立つ

同じ趣旨の講座で明暗くっきり

二枚のチラシをごらんいただいたわけですが、両方とも私が作ったチラシです。①は二〇〇三年のもの。序章でご紹介したプログラムの講座がこれです。老若男女どなたでも来られるように、土曜の午後に設定すればいいではないか、と思ったのですが、結果、誰にでも来てほしい講座↓誰も来ない講座になってしまったのです。

連続講座はすべての回に参加できる人というのが参加の条件ですが、この講座に出たら自分にどんな得があるのかわからないのに、七週間もほぼ連続して土曜の午後に出てくる人はいません。

そして四回目などは、丸一日かかるのです。また七回目は、「グループ討議・発表」となっています。これは絶対ダメです。その回の「手段」を書くのではなく何について話し合うのか、それを書かなくては、ただ「勉強したことを発表させられるのか」と緊張して、人は来ません。

前述のように、動員をかけて人を集め、最後は七名になってしまったのです。

この講座を聞いて私の役に立つの？

この講座は一般向け、誰が来てもいいと思って企画されています。ですから講師の方々も、誰が聞いてもいいような話しかなさらないわけです。つまり、行政の「男女共同参画のプラン」に沿った、プランそのままの話しかしないわけです。

「男女が共に働けるまちづくりってこうだよ……」とか、「女性の管理職が○％しかいないよ」とか。受講者にしてみれば、それがどうした、というか、「じゃあ、今日、この講座が終わってから何をすれば私自身が幸せになれるの？」ということはわからないままです。

「私」が得する講座

②の『わたしへのごほうび講座』は二〇〇六年の秋から冬にかけての講座です。三〇名募集で七六名の応募がありました。

この講座はターゲットをぐんと絞って、子育て中のお母さんを対象にしたものです。誰が来てもいい講座は七名で、子育て中の若いお母さんだけしか対象にしてない、という講座は応募殺到です。皮肉なものです。

受講者の方が、「講座の開かれる木曜日だけはとても元気になる」とおっしゃっていました。木曜日の夜だけは夫にちゃんとものが言えるというのです。夫から「お前は木曜日になると人が変わったように元気になる」と言われるとか。昼間講座で学んだことをそのまま日常の家庭のシーンで使えたのですね。「いつもは『偉い』と思っている夫に対して、言い返すことができる」というのです。「男女平等時代だから女が強くって」などと言われていますが、まだまだこういう弱い立場の妻は多いのです。養われているという意識は人間をものすごく縛り萎縮《いしゆく》させてしまうのです。

なんとか家庭で悶々《もんもん》としている若いお母さんに来てほしくて、「保育つき」という言葉を入れ、さらに「保育つき」と入れても、年配の人も来ることがあるので、四五歳以下としました。こうして、はっきりターゲットを絞ったのです。

この『ごほうび講座』は、〇六年春にもやっていて、春は四回の連続講座に六一名の応募がありましたが、一五名分の保育しかできなかったので、あきらめなくてはならない人も出ました。このとき、若いお母さん向けの講座で三〇名募集するのなら、三〇名の保育が可能なようにしなくてはと気づきました。

タイトルが人を惹きつける

この大盛況の『ごほうび講座』のタイトルは子育て中のお母さんに聞いて作ったものです。

「どういうタイトルの講座ならあなたは行こうと思いますか」と。

タイトル候補は、

①『わたしへのごほうび講座』
②『自分のことが好きになる講座』
③『ココロを軽くする女性学講座』

この三つを挙げて選んでもらいました。三つとも子育て中の母親が欲しているであろうことをタイトルにしたものです。この中から「どの講座であれば行ってみたいですか」と、子育て中の方に聞いてまわったのです。③は〇五年に実施して定員オーバーした講座のタイトルです。これが一番人気になるのでは、と私は思っていました。

結果は①の『わたしへのごほうび講座』がもっとも人気があったのです。

前年に成功したからといって翌年同じタイトルにしても、参加者である「不特定多数」の方は日々変化していきます。常に市場調査をしていく必要性を、改めて感じた瞬間でした。

また実際にこの講座に来てくれた受講者に対して、アンケートをとり、「なぜこの講座に申し込んだのですか」と聞いたところ、一番多かった答えが、「タイトルの『ごほうび』という言葉に惹《ひ》かれた」というものでした。事前調査がぴったり当たったのです。

「わたしへのごほうび」というフレーズは女性誌で使われているのを見て面白い言いまわしだな、と私がひそかにチェックしていた言葉です。

受講者の一人は、「専業主婦になって子育て、家事はうまくできて当たり前……誰からも誉められることはないし、ごほうびをもらうこともない。そんなときにこのタイトルがとても魅力的に見えた」と話していました。男女雇用機会均等法施行以降に社会に出た今の若いお母さんは、独身時代に単なる「家事手伝い」だった人はほとんどいません。皆若い頃は仕事をし、がんばれば評価された世代です。だから、誰からも評価されない現状に苦しんで煮詰まっている人が多いのです。

出席率も高かった

次に多かった受講動機は「保育つきだから」でした。

また、これまでお呼びして評判のよかった五人の講師をそろえたことも受講動機につながっていました。

『ごほうび講座』はすべての回に来られる人が応募条件でしたが、いくらチラシやタイトルが魅力的でも出席してみてつまらなければ、次から来なくなります。そこで、講座の内容は、講師の話をただ聞く、ということよりも、話し合いを多くして受講者の皆が仲よくなれるものにして、九割以上の出席率で終了することができました。

「私が行きたい講座」を作ろう！

成功と失敗が歴然としている例を見ていただきましたが、どちらも作ったのは私、ということで、何がそんなに私を変えたのか、という経緯をお話ししていきましょう。

前述の『変わりゆく〜』という硬いチラシの講座は「ジェンダーを学ぶ講座」の一環で、

年間に第一期、第二期、第三期と三回行われていました。

『変わりゆく～』は第一期で、基礎編と呼ばれているものでした。

参加したばかりだった私は「内容はこんなに難しいのにこれで『基礎編』なの？」と思いながら企画から実施までお手伝いしていましたが、案の定、人が来ない。その反省もなく、「第二期として、秋には『応用編』をやりましょう」という話になったので、私は名乗りをあげました。

「私はこういう講座に行きたいと思わないし、講師も誰一人として知らない」「私は、私と同じような『三〇代の働く女性』が行きたくなる講座を作りたい」と言ったんです。どうやっても人が集まらないのなら、ダメもとで思う存分やらせてほしい、と。

ベテランの企画者が「講座を開いても、なかなか若い人が来てくれない」と悩んでいたこともあり、だったら「私が行きたい講座」を作らせてくださいと言ったわけです。

こうして実現した、私がはじめて自分で手がけた講座が、〇三年九月に行われた、

『私らしさ応援セミナー～咲かせよう！　世界でひとつだけの花～』

だったのです。

電話が鳴りやまない

「タイトルに『ジェンダー』が一つも入っていない」「こんな、流行歌をもじったようなタイトルの講座なんてうちでやる講座ではない」とさんざんに言われました。

ところが、区報にこの講座のお知らせが載《の》ったときから、すごく電話が鳴るのです。そして、すぐに人が集まってしまった。

開催日は平日の夜だし、中身も『変わりゆく〜』とさほど変わらないのです。いずれにせよ、男女共同参画というプランに沿ってやるのですから、与えられたテーマのなかから、適当なものを選んで、なんとか「私が行きたい講座」にしたというところでした。

参加者から受講動機を聞いたところ「タイトルに惹かれて申し込んだ」という人が一番多かったのです。

中身ではなくタイトルだけで来たということですね。

四〇名の定員に対し応募は三七名でしたから結局は定員割れです。でも、今までなら、友人知人に「来て、来て、人がいないから、一回だけでもいいから」と動員をかけていたのが、あっという間に、定員近くまで埋まってしまったのです。タイトルで人が呼べる、とわかった瞬間でした。

どの年代の心にも響く「私らしさ」

この企画では、もくろみがはずれたことがいくつかありましたが、それが次の発見、方針へとつながっていったのです。

そもそもは、「私自身が行きたい講座を作りたい」ということで、三〇代の人を呼ぶことが目的だったのですが、蓋を開けてみると、二〇代から七〇代まで幅広い年齢の女性が来ました。平日の金曜日の夜だったにもかかわらず、です。

タイトルの「私らしさ」という言葉はどの年代の女性にも響くのだということに気づいたのです。

年代を分けたほうが満足度が高い

またこのときには、もう一つ重要な発見がありました。

このときの講座は、前回のように講師の話をただ「承《うけたまわ》る」のではなく、「ワークショップ」つまり、参加者同士の交流みたいなものをたくさん入れてもらったのです。「承り」式は確かに勉強にはなりますが、全部が授業みたいではちょっとつらいし、参加者同士の話し合いが入ったほうがいいと思ったのです。

ところが、そうしたところ、二回目から若い人が突然来なくなったり、各回終了後にとるアンケートの「満足度」の評価がばらつき始めました。どうしてだろう、と思っていろいろ聞いてみました。

すると、「参加者同士の話し合い」のときに、年配の人が若い人を「お説教」する、あるいは若い人が萎縮して本音を言いにくい雰囲気になっていたことがわかったのです。年配の人は、日頃から若い者に言ってやりたかったことをここぞとばかり言えたので、せいせいして、満足度が高い結果になったけれど、若い人には面白くない講座になってしまったのです。

これはどの講座にも言えるのですが、アンケートでもし「まあまあ」「ふつう」という回答があったら、「満足しなかった」ということなのです。このときもそうでした。

さまざまな年代の人を一緒に同じ講座に入れると、満足度にこんなに差ができてしまうんだ、と思いました。

それで、「じゃあ、次回からは、年齢別に講座を分けよう！」と思ったのです。もちろん、分ければ、当然人数が半減するかもしれません。しかし、なにしろ、「エセナ」にあんなに二〇代、三〇代の若い人が来た講座ははじめてだったし、きっと年齢を分ければまた若い人が来てくれるはずだと思いました。

それに何より、この講座はまさに「私が行きたい講座」だったのです。

先着順をやめる

また、これまでは、人が集まらないから申し込み順にして、ギリギリまで待ったり、当日の申し込みでもOKにしていました。

しかしこのとき、先着順、申し込み順というのもやめようと思ったのです。人がたくさん来るのであれば申し込み順ではなく抽選にしようと。抽選制にすることで申し込み者全員のデータを集めることができ、年代や性別で申し込み者の分析ができます。先着順の場合はもし定員オーバーした場合、それ以降の申し込み者のデータは一切とらないため講座の企画や広報についての分析ができないのです。

その定員は適正ですか

いつも講座で使う部屋に、椅子《いす》が四〇脚入るので、何も考えずそれを定員としていたのですが、それまではいつもガラガラで、四〇名いっぱいになったことがなかったので不都合はありませんでした。それが、三七名集まったらギュウギュウの状態。互いに話し合ってもらうときや共同作業をするとき、四〇名近くも入ったら作業がしにくいのです。席が埋まってみてはじめて、「あ、この会場に四〇名というのは多いんだ」ということに気がついたのです。

そこから、少し定員も考えよう、ということになりました。その講座によって、一番効果的な定員というものがあるはずだと。何も考えずに部屋の大きさから、「定員は四〇名」とするのは、無策もいいところでした。

そこで講師と確認しながら最適な人数は何人かを考えるようになりました。決まりはありませんが、話し合いが中心の場合は二五名くらいに抑えたほうがいいと思います。ここで欲張ってたくさん入れてしまうと、「満足度」が低くなるだけです。「満足度」が低くなると、出席率が悪くなり、ひいては次期の講座につながらなくなります。

これとは違う意味でもったいないのは、行政の企画でよくあることなのですが、会場にスペースがまだ十分あって、講座の内容からぎゅうづめでも問題ないような場合なのに、申し込み順にして、予定の定員になった時点で締め切ってしまうことです。「いっぱいになったからもうダメです」と。せっかく当日何人か問い合わせがあっても、「名簿を作るのが大変だから」などと言って。名簿作りなどは、それほど大変ではないと私は思うのですが。

タイトルにターゲットを示す

こうして次には、年齢別にターゲットを分け、「誰それのための」と、ターゲットをはっきり示した講座を作りました。

『めざせ！　対等なパートナーシップ〜新米マミィのためのスマイルアゲイン大作戦〜』というタイトルにしました。しかし、区報では肝心の部分を削除されてしまったのです。「サブタイトルが長すぎます」と言われて。結局、区報では「目指せ、対等なパートナーシップ」の部分しか載らず、そのせいか、二五名定員で二二名しか集まらなかったのですが、それでも動員をかけずに若いお母さんが続々応募してきてくれたのです。

ターゲットが来られる時間帯、曜日はいつ？

ターゲットを分け、狙いを定める以上、その人たちが実際に動けて、講座に来られるのはいつかも大切な問題です。

私は、子育て中の主婦は平日のいつの時間帯が来やすいかと、いつも保育でお世話になっている「保育ネットワーク〝Ｂｅａｒ《ベア》〟」の代表の白井里美さんに聞いたところ、「午前中よ。午後は上の子が帰ってくるから、絶対ダメよ」「水曜日は幼稚園が早く終わるから、絶対ダメよ」と教えていただきました。そして、そのとき初めて「そうなのか」と納得したのです。水曜日はお母さんは忙しいなんて、私は子どもがいないので知らなかったのです。

さらに、秋に行う若いお母さん向けの講座について、「いつの区報に載せるのがいいのか」ということも相談しました。大田区報は、一日、一一日、二一日と一のつく日に月三回発行されます。一日に発行される区報だけが全戸配布です。一一日、二一日は新聞折り込みに入るので新聞をとっている人にしか渡らないことになります。最近は新聞をとっていない人も多いし、忙しい主婦は新聞を読んでいる暇がないはず。だから、一日の区報なら、みんなに配られるのだからいいのではないか、と私は思っていました。しかし、白井さんは「いや、それはダメ」と。

八月三一日までが夏休みで九月一日から子どもが幼稚園に行き始める。区報どころではない。生活のリズムが落ち着くのに一〇日くらいかかる。ホッとして新聞の折り込みでも見ようかなというのが一一日くらいだと言われ、「なるほど」と思い、「じゃあ一一日号に載せてもらいましょう」となりました。たとえ全戸に配られたとしても、一日号は見ている暇もない、ということです。さすが、日頃若いお母さんとつきあっている現場の人ならではの見解でした。

ターゲットの行動や日常のリズムはまさに本人や周辺の人にしかわかりません。

「何の役に立つか」をうたう

こうして評判のいい講座の秘密を一つ一つ解剖していって、次に作ったのが、『女性のための心の栄養補給講座』という講座です。はじめてここでタイトルにゴールを設定しました。「心の栄養補給」と入れたのです。この講座に出れば心の栄養が補給できるんだ、とわかるように。

4回連続講座
女性のための心の栄養補給講座
~Let's refresh~
講師：萩原なつ子（武蔵工業大学助教授）
「子どものため」、「家族のため」といつもがんばりすぎていませんか？　あなたを息苦しくしている「らしさ」から、自由になって、パワーアップしてみませんか？
1 5月7日（金）このモヤモヤ感ってどこからくるの？
2 5月14日（金）私の心と向き合ってみる
3 5月21日（金）男性・子どもを取り巻く動き　～本当に幸せな環境って？～
4 5月28日（金）今から始めよう！　～わたしを丸ごと好きでいるために～
申込方法：往復はがき（詳細は裏面を参照ください）
定　員：抽選で30名
参加費：無料
保　育：1歳以上の未就学児10名まで。ご希望の場合は、ハガキにお子さんの氏名・生年月日・性別をお書きください。保育料1200円（1回300円×4回）
◆ 日時：平成16年5月7日～28日　毎週金曜日　午前10時～12時
◆ 場所：大田区立男女平等推進センター　エセナおおた1階　研修コーナー

もちろんこれに決まる前にもいろいろ考えました。講師をお願いした萩原なつ子さんは、まだ四〇代で、受講生よりも少しだけお姉さん世代をお呼びしたかった私にとってじつにぴったりの方でした。実際にお話を聞きに行って、すごく明るくて楽しい方だったので「絶対この方を呼びたい」と思ってお願いしたのです。

私が最初につけたタイトルは、『女性のためのもやもや解消講座』でした。だって、自分自身の「もやもや」こそが私をここまで悩ませたものだったからです。私の本音を表したタイトルでした。しかし、萩原さんに話したら、「ちょっと暗いから、もっと明るいタイトルにしたら」

との意見。

私としては「もやもや解消」がいいと思っていたのですが、言われてみればそうかな、と。そこでいろいろ考えて、じゃあ、『心の栄養補給講座』はどうだろうと。「これでどうですか？」と萩原さんに再度聞いたら、「『もやもや解消』よりよっぽどいいわよ」と言われました。それでも、「もやもや解消」は捨てがたかったので、四回連続講座のうちの一回のテーマとして採用しました。

ほかには、

『笑って学ぶ、心のリフレッシュセミナー』

『元気ハツラツ、リフレッシュ講座』

という案も出ましたが、もっとも人気があった『女性のための心の栄養補給講座』に決定しました。

三〇名の定員に対し、五一名の応募があり、抽選となりました。理由を聞くと、タイトルに惹かれて応募したという人が多かったのです。

ターゲット自身に聞く

企画する人自身がターゲットのときは胸に響くタイトルや企画が生まれやすいはずです。

私自身が行きたい講座とは、つまり自分自身がターゲットになるということですからわかるし、おのずと熱が入ります。

タイトルに困ったら、ターゲットになる人たちに聞けばいいのです。

受けない言葉を無理に出さない

こうしたことから気づいたのが、私たちの目標である「男女共同参画」という言葉を講座のタイトルに出さなくてもいい、中身で勝負すればいいということでした。

むしろ、出せばよけいに人は来ないぞ、と。

ここを境に「男女共同参画」や「ジェンダー」などという言葉を一切タイトルに使わなくなりました。

考えてみれば、商店などで「売り上げ倍増セール」なんていってもお客にはぴんときません。お客にとっては、商品倍増、値引き幅倍増、ポイント倍増ならともかく、売り上げが倍増するかどうかは、商店側の都合。

ですから、私たちも、私たち側の目標など受講者には関係ないのだ、ということにやっと気づいたのです。受講者に「役に立った」「楽しかった」と思ってもらえる講座でないと、人は集まらないのです。

ターゲットとゴール

次に企画したのが、『コミュニケーション上達講座』という講座です。『心の栄養補給講座』の修了生から秋に行う主婦向けの講座の企画員を募集したら、三〇代を中心に九名が企画員になってくれて、秋の一〇回連続講座を考えてくれることになりました。人が講座に集まれば、こうして「核となる人」も生まれてくるわけです。

私は、〇三年の夏ごろもう一度、今までの講座すべての報告書やアンケートなどをひっくり返して見直しました。

すると、人が来た講座というのは、やはりタイトルに目的が見えるものということがわかったのです。この講座に出れば何が得られるのかがわかるもののほうが人が来るんだということに確信がもてたのです。これは客商売の基本かもしれませんが、講座をやっているとわからなくなってくるものなのです。このときもタイトルに悩む企画員の皆さんに、「ぜひ、ゴールの見える、何が得られるかわかるタイトルをつけましょう」と言って、「コミュニケーション上達」としました。

これは三〇名の募集に対し、七五名の応募となりました。

タイムリーが人を呼ぶ！

講座は行う時期が人の集まり具合に関係するということもわかりました。冬に行った『知ってナットク！　年金セミナー』は不入りに終わったのですが、その後、春先に年金の不払いなどの問題がわーっと話題になったのです。ああ、これはもう少し時期をずらせばよかったと思いました。冬でなくてはならない講座ではないのだから、話題になったあとの四月にすればよかったんだと。

ここでタイムリーなものをやらないとダメだな、と思ったのです。

そんなとき、ＮＨＫでドラマ『冬のソナタ』が再び始まるということを聞きました。

もともと九月に韓国語講座を開く予定だったのです。「エセナ」のメンバーで韓国語の先生である城内秀子《しろうちひでこ》さんは、韓国語も男女共同参画のことも両方教えられるため、城内さんを講師に韓国語講座を実施する計画でした。どちらかはできても、両方できる人はそうそういないのです。

ところが、『冬ソナ』の再放送が四月から始まるということを聞いたので、韓国語講座を四月に前倒ししたのです。

「今だ！　今なら人が来る！　九月では遅い！」

と。城内さんにも、「四月にやるから、すぐテキスト作って！」とお願いしました。これは同じ「エセナ」の仲間だから融通がきいたわけですが。

広報活動期間はひと月ぐらいしかなかったのですが、おりしも三月というのは、四月、五月は行政が一切講座をやらないときなので、急な申請でも区報に入れてもらいやすいときでした。「あいてますか」と聞いたら、「あいてる」と。それで三月二一日号に入れてもらえたのです。

チラシで人が来る！

このときは、これだっ、とばかりタイトルに『冬ソナ』を入れて『「冬のソナタ」で始める韓国語講座』としたのですが、なんと区報では「番組名が入っていると番組を宣伝するようになるからダメ」と、『セリフで始める韓国語講座』に変えられてしまったのです。

そこで、チラシは思う存分、イラストも入れて作りました。こういう感じのチラシはこれまで「お硬い」公共の講座では画期的だったと思います。

そして、ここで一三五名来たんです。毎日はがきがドバドバ来ました。本当に。区報に載る前にチラシだけで満員になってしまったんです。はじめてでした、チラシの効果でいっぱいになったのは。「ああ、チラシで来るんだ！」と私は思いました。

『「冬のソナタ」で始める韓国語講座』が大ヒット

『「冬のソナタ」で始める韓国語講座』は結局二回やることになりました。まったく同じ講座です。両方とも毎週一話ごとに進めていく形でしたが、放送中の第一回目は放送と同時進行でセリフを学んでいかれるので、ヨン様ファンの受講者たちは、大喜びでした。

韓国語ははじめての人がほとんどで、みっちり韓国語ばかりやっても疲れてしまうので、その間に韓国と日本の家庭や職場での女性の立場の違いや文化などを、実際に韓国で三年間暮らした経験がある講師の城内さんが話すようにしました。受講者はそちらのほうが楽しかったようです。

タイムリーネタで人を集めた講座・イベント

時期	講座・イベント	内容・応募人数・その他
2004年4月	『「冬のソナタ」で始める韓国語講座』 ◆6回連続 ◆参加費2000円	年間計画では2004年9月に開催予定だったが、NHK総合で4月から再放送が決定したことがわかり、急遽4月からの開催に変更。ドラマとほぼ同時進行で講座を進められた。25名の定員に対し、135名の応募あり！ ★開講期間中に『アエラ』(朝日新聞社）の取材があり2004年8月「冬ソナを越えて生きる」に掲載！
2005年4月	教養講座『歴史のなかの皇女たち』 ◆5回連続 ◆参加費3000円	ターゲットはシニア層。当初の企画は『はじめての源氏物語』だったが、ちょうど「皇室典範に関する有識者会議」が組織され、女帝問題が話題になった時期であったため、内容を変更。35名の定員に対し、104名が応募。
2005年4月	ベアテ・シロタ・ゴードンさん講演会『私は日本国憲法に男女平等を書いた』	元GHQ憲法草案委員の唯一の女性であるベアテさんを招いて、日本国憲法に込めた思いや当時の日本女性の暮らしなどを語ってもらった。ちょうどドキュメンタリー映画『ベアテの贈りもの』の公開前だったことや「戦後60年」の節目の年であったため、申し込みが殺到。先着197名に対し、423名の申し込み！ ★朝日新聞（都内版、全国版）、読売新聞に開催案内記事が掲載される。
2005年5月	写真展「世界で一番いのちの短い国」	平均寿命35歳というアフリカの国シエラレオネの女性や子どもたちの写真展。紛争の悲惨さと対照的に子どもたちの笑顔が印象的な展示。 ★朝日新聞、読売新聞、東京新聞に写真展開催の記事が掲載される。GW中であったため家族で見学に来た方が大勢いた。
2005年8月	吉岡しげ美ミニコンサート「金子みすゞ、与謝野晶子を歌う」 平和展「戦後60年、平和の軌跡をたどる」のオープニングイベント	焼夷弾や慰問袋、出征兵士の日の丸など戦争当時使用していた物品の展示。オープニングイベントとして、女性詩人の詩に曲をつけて弾き語りをしている吉岡しげ美さんを招いて、ミニコンサートを開催した。8月13日のお盆であったが160名もの方がコンサートに足を運び、平和展を見学していた。より多くの方に展示を見てもらうための工夫が功を奏した事例。

第二章　ターゲットを絞れ

「誰にでも来てほしい」は誰も来ない

第一章で、ターゲットがいかに大切かに気づいたお話をしましたが、「どんな人が来てもいいし、どんな人にも来てほしい」というのは、会を主催する側としてはもちろんです。しかし、もっともこの講座に来てほしい人はどんな人か、は企画の段階で考えたほうが、人を集める戦略を立てやすく、その結果、「ターゲットを絞ったほうが人が来る」という逆説的な結果に結びつくのです。

しかし、このことははじめから参加者をきめこまかく限定することではありません。そんなことをしたらほんとうにせばめてしまいます。ターゲットを絞るのはあくまでもこちらの意識として「こういう人たちに来てほしいな」と明確にしておく、ということです。

さて、ターゲットを限定したら、次に、ターゲットに「この講座は『私』に来てほしがっている」と認識してもらえるように、タイトルや、日時の設定、チラシのデザインなどを考えます。

たとえば、「その人たちはいつなら来られるのか」ということです。前述のように子育て中のお母さんに来てほしいときに、水曜日に設定しても、お子さんが幼稚園早帰りの日ですから、参加できないのです。このようにターゲットの「行動」を調べ、知っておく必要があ

対象ターゲット別　参加しやすい曜日・時間など

対象	参加しやすい曜日・時間	回数・その他
子育て中の母親	平日の午前。火・木・金が都合がよい。水曜日は幼稚園や小学校が早帰りの日のためNG。また子どもの体調にかなり左右されるため、気候が安定している初夏や秋がよい。	・居場所作り・仲間作りの観点から、2〜3ヵ月の連続講座でもOK。 ・大人同士の会話を欲しているため、話し合い中心の講座がよい。 ・夫婦の悩みなどは近所の人やママ友とは話せない。知らない人同士が集まる「講座」のほうが話しやすい。 ・話を聞くだけの講座なら4回程度が適当。ただし、そうした講義型でも30分はディスカッションの時間を設ける工夫が必要。
若い父親	日曜日の午前 子どもの夏休みの終わり （夏休みの終わりは何が何でも参加する傾向あり）	・仕事が忙しいため連続講座は厳しい面がある。 ・連続講座であっても一回一回の参加でもよいことにするなど参加しやすい状況をつくることが必要。 ・子どもと一緒であれば、参加する傾向にある。
男性	働いている方が多いため土曜日・日曜日	・仕事の都合があるため、長期間の連続講座は避けたほうがよさそう。5回までが限度。 ・料理はかなり関心あり。 ・連続講座の場合は講義と料理を組み合わせ、楽しみの料理は後半にするなどの工夫が必要。
就業者	土曜日の午後またはノー残業デーの水曜日の夜	・仕事に役立つものであれば、連続講座も可能。しかし急に仕事が入り欠席せざるをえないこともあるため、土日集中講座や隔週での開催がよい。
年配者	平日の午前または午後 どちらかといえば午後のほうがよい。 季節の変わり目は体調を崩しやすいので避けたほうがよい。	・健康や自立、葬送などに関する実利的な内容は長い期間でもOK。 ・定期的に行く場所があるということに喜びを見出している方が多いため、季節や天候に左右されない! ・居場所を求めているため、参加者同士のコミュニケーションの場を提供する演出が必要。 ・ただし、男女ともが出席する講座はジェンダーを再生産する危険性があり、運営側の配慮が必要。
DV講座	2003年は月1回、計4回平日の夜に開催…DV支援者の出席が多かった。 2004年は隔週で3回連続、平日の午前中に開催…専業主婦やDV被害者多数。ただし、当日欠席者がめだった。午前より午後のほうがよさそう。	

るのです。

働いている人が相手なら、平日の夜になりますし、毎週だと男性は都合がつきにくいので隔週にするとか、誰でも都合がつきそうな土曜日の午後は、ほかの用事をしたいので、講座に参加している暇はない、などがわかってきます。

以前、毎週土曜日に男性向けの連続講座を行ったら出席率が悪くなったことがあります。男性は週末は家族との用事がいろいろたまっているのです。

もちろん、著名な講師の講演会や映画などは土日に設定できればベストです。

これまでの経験でわかった、さまざまなターゲットの行動パターンや、講座を設けたとき参加しやすい曜日や回数について表にしてみましたのでごらんください（六一ページ）。

各世代それぞれにふさわしい講座

ある講座が定員オーバーの四四名来て、抽選になったのですが、「保育つきで平日の午前中」という条件だったので若い人しか来ないだろうと思っていたのが、そうでもなかったのです。年配の方が三〜四人混じっていらした。そうしたら、その人たちが、ほかの方が若いので、場違いだと思って二回目から来なくなってしまったのです。

これはいけないと思いました。私ははじめはたしかに、自分と同世代や若い人がもっと来てくれるといいと思って若い人向けの企画に熱心でしたが、それだからこそ、「自分が行ける講座がない」という悲しさはよくわかるつもりです。年配の方も若い人も、男性も、家庭の主婦も働く人も区民の誰もが、どれかの企画に「これなら私が行かれる講座だ」とはまるように講座を組まないといけないと思いました。

今では、年間計画をターゲット別に立てて、タイトル、広報を早めに考えられるようにしています。

年齢差は男性も敏感

これからは男性にもぜひ、家庭で個人としての幸福を考えてほしいものです。そこで、男性に人気のある、『男の料理教室』を企画したのですが、じつは若い男性が来てくれないのですね。それはなぜだろうと思って、身近なところで、夫（四〇代前半）に聞いてみました。「なんでだと思う？」と聞くと、「だって『男の料理教室』ってお年寄りばっかりだろ。行きたいとは思うけど、年配者ばっかりなら嫌だよ」との答え。「じゃあ、若い人しか集まらないとわかっていたら行く？」と聞いたら「行く」と。

そこで、二〇〇四年の夏の男性向け料理講座『魚のさばき方』を、四九歳以下のヤング編と五〇歳以上のアダルト編に分けたのです。そうしたら、両方とも人が来ました。

一〇名定員という小さな講座なのに、ヤング編は下は一〇代から四〇代の人まで四二名応募してきました。アダルト編では七〇名。若い男性も、「ここには若い人しか来ないんだ」ということがわかれば、来てくれるんだということがわかったのです。

男性は「そば打ち」がお好き

男性を呼ぼうと思ったら、男性陣は「そば打ち」「料理の基本」「魚のさばき方」「プロの味」が好きで、ほんとうにこれで人が集まります。

講座は女性だけのためのものではありません。男女共同参画社会をめざすのですから、もちろん、男性が参加できる講座を作って自分自身の幸福について考えてほしい、意識を変えてほしいと思っています。

しかし、男性に講座に来てもらうことはとても難しいと思っていました。

男性のための講座には「男性の家庭参画セミナー」と団塊世代から上の年代向けの「男の生き方セミナー」の二種類をもうけています。〇二年に「家庭参画セミナー」の一環として子どもがまだ小さい若いお父さんをひっぱり出そうとして行ったのが、

『男性の家庭参画セミナー　お父さん、もっと家庭のことに目を向けてみませんか!』

です。

一週目は「手打ちそば作り」、二週目は「竹とんぼ作り」、三週目は「高齢者擬似体験・介護体験」の構成でした。

今の若いお父さんは、とても子育てに関心があるので、平日はダメだから土日くらいは子どもと一緒に遊びたいと思っているのです。そこで、子どもをだしにして、お父さんと子どものペアを対象にしたのですが、三週連続毎週日曜日では、まず子どものほうがつきあわない。また、三回目の、「介護体験」は小学生の父子には早すぎる。企画側の「こういうことも覚悟しておかなくてはいけないことを教えてやろう」という気持ちがみえみえでした。これは結局七組しか申し込みがなかったうえ、二回目が四組、最後は三組にまで減りました。

ところが、ここで、「そば打ちだけやりたい」という問い合わせが多かったというのです。全部に参加できる人というう

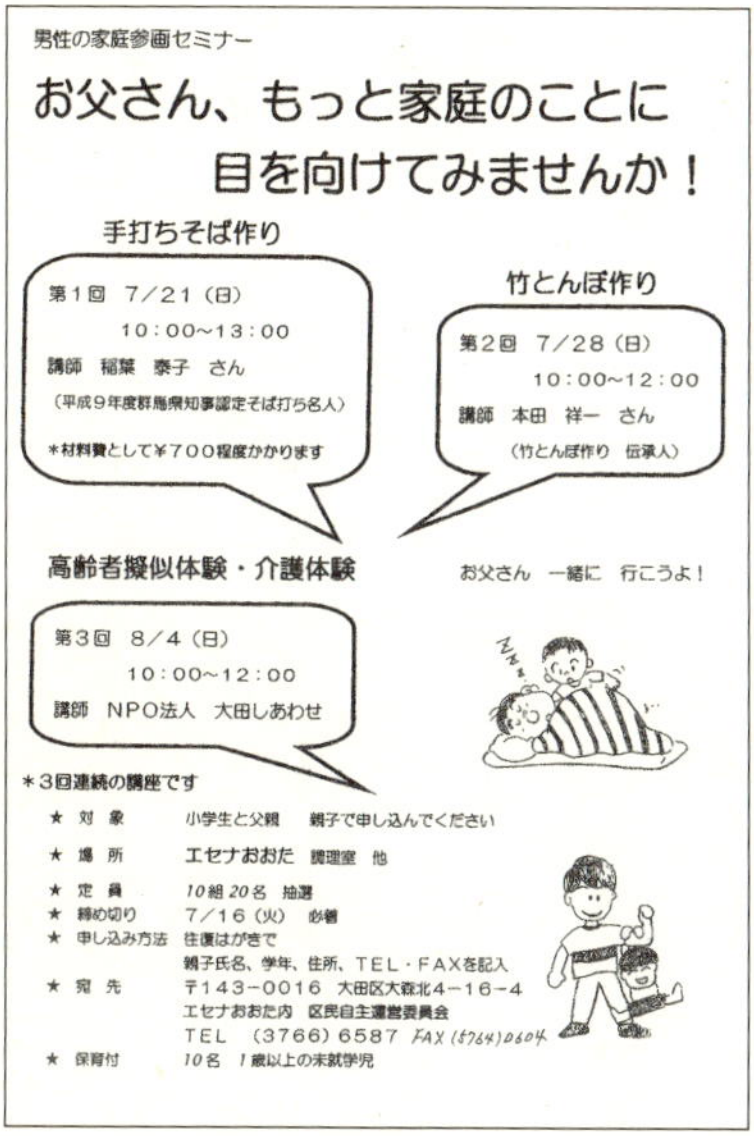

男性を講座に呼ぶ工夫

年	講座タイトル 内容	①定員 ②応募者数 ③参加者数
2002年	『男性の家庭参画セミナー』3回連続 ①そば打ち②竹とんぼ作り③介護体験	①10組 ②7組 ③7組（最後は3組に）
2003年	『男性の家庭参画セミナー』1回のみ そば打ち	①15組 ②26組 ③15組
2004年	『名人が教える手打ちそば作り』1回のみ そば打ち	①15組 ②52組 ③15組
2005年	『夏休み！父子チャレンジ〜和食編〜』 3回連続 ①そば打ち②工作&トーク③デイキャンプ	①15組 ②31組 ③14組
	『夏休み！父子チャレンジ〜洋食編〜』 3回連続 ①和凧づくり②オムライス③デイキャンプ	①30組 ②21組 ③15組
2006年	『夏休み！父子チャレンジ〜真夏の3連発〜』 ①そば打ち②和凧づくり③デイキャンプ	①15組 ②40組 ③15組

そば打ちがあると必ず成功。夏のデイキャンプも大人気

のが条件だったので、そういう方はお断りしたというのですが、前任者からそれを聞いて「あ、男性は『そば打ち』はやりたいんだ」と。

ですから、三回目は激減したというのも、とにかくそば打ちに来たかったということなのです。

そこで、次の〇三年は『男性の家庭参画セミナー』を人気の「そば打ち」だけにしたところ、大変応募者が増えました。

さらに〇四年はせっかく「そば打ち」をやるのなら、もう、タイトルから「男性の家庭参画セミナー」などという言葉を取ってしまって、『名人が教える手打ちそば作り』、これでいこう！　と。これが二九ページでもご紹介した例です。

「名人」という言葉が加わったため応募者倍増でした。さすがに、そば打ちは日常の家事ではないため男性に意識改革を促すほどの効果はないので、主催者側としては、「『エセナおおた』がここにありますよ」とわかってもらえるだけでいいとしました。

○五年、○六年の夏にも同様の講座をやりました。六六ページの表のように「そば打ち」があるとないとでは応募数に圧倒的な開きができるのがおわかりでしょう。

参加者と平等

○五年、○六年の企画はいずれも、夏休みの最後の日曜日に「デイキャンプ」をあてて大盛況となりました。これは日頃忙しいお父さんが子どもとの「かけこみ思い出作り」をするために来てくれたのです。

その①と②は男性と子どもだけ。③のデイキャンプは父母、祖父母もOKとしたのです。

さて、父親向けの講座をやるときに、「うちは離婚して父親がいない、子どもがかわいそうだから親子にして」と言う方がいらっしゃいます。ある自治体では、その声に押されて母親の参加でもOKにしてしまいました。しかし、そんなことを言っていたら、結婚していない人、子どもがいない人など、いろいろな人がいるはず。そうなると「夫婦講座」は成り立たなくなるし、「親子講座」も同様になります。税金を使っているのだから平等にやらなく

ちゃいけないという意識は大切ですが、この父子講座は、「男性の家庭参画」が目的なので、父親でなくてもおじいちゃんでもいいのです。「『エセナおおた』では父子講座を『お母さんでもいい』とはしません」と区民の方にもそう答えます。「おじいちゃんでもおじさんでもいいから男性を連れてきてください」と。

目的をタイトルに出さないからといって、目的を忘れてはダメです。

シニア世代を呼ぶ方法

男性のためには「男性の家庭参画セミナー」のほかに、もう一つの重要な流れとして「男の生き方セミナー」があります。ここにシニア男性に来ていただいて、定年後の人生を考えるきっかけにしてほしいというものです。

それには、やはり「料理」なのです。

○四年の夏に男性のための料理講座をアダルトとヤングに分けて開いたら大盛況だったと

お話ししましたが、その秋に男性講座を企画した際、夏に抽選にはずれた方全員に、「ここにあなたにふさわしい講座がありますよ」という形でお知らせしました。

講師は吉田清彦さんという料理研究家で、この人は私とペアを組んで、「人の集まる男性講座の作り方」を行っている人で、私の講座企画の師匠でもあります。私は男性の気持ちがわからないので、「どういうタイトルをつければいいですか」「何曜日なら男性は来てくれますか」と相談しました。吉田さんのアドバイスで、タイトルが決まりました。

『男の生き方セミナー　力を抜いて生きようよ』

五回講座で三回が講義、二回が料理という構成です。『力を抜いて生きようよ』というタイトル通り、料理を中心にしながらも三回の講義でしっかりこれまでの男性中心の生き方を改め、新しい生き方を模索してもらうための講座です。

男性だけを集める連続講座ははじめての試みだったので、そんなには集まらないだろうと思って、遠慮がちに定員を二〇名にしたのですが、これは四四名集まりました。このときは五〇代から七〇代の男性でした。かなり年配の方々です。やはりこれは料理の力です。受講動機を聞いて、あらためて男の人は料理に惹《ひ》かれるのだとわかりました。

対　象		求めている傾向
主婦	子育て後	・家事や再就職に役立つ実利的なものを習いたい （パソコン技術習得、ファイナンシャルプランナー講座） ・親としての子どもへの接し方、子どもの安全に関わるもの （CAPプログラム、親業講座、安全な食べ物講座） ・心の健康作り （コミュニケーションスキル、セルフカウンセリング） ・何かの「自信」に結びつくような内容（スピーチ、文章等） ・講義型よりもディスカッションやワークショップ形式の参加型講座 ・仲間作り、居場所作り
年配者		・歴史物（年代的に「学習」に興味があるため、知識欲が満たされる歴史物が人気。物語や日記などの古典文学・幕末の歴史） ・「老後」に関連するもの （健康、介護、年金、福祉、遺産、葬送） ・お手本となる生き方のモデルを見つけたい ・仲間作り、居場所作り
男性		・とにかく料理が人気（若い男性はヤングとアダルトに年代を分けることを希望） ・若い父親は子どもと楽しめるもの（妻の賛同が得られるもの） ・定年後の生き方探し ・地域デビューの方法 ・家庭と会社以外にもうひとつ居場所が欲しい

人々はどんな心の渇き、知識への欲求を持っているのか？

対　象		求めている傾向
全般的		・語学習得（韓国ブームのため韓国語は今が旬！　英語、中国語も関心が高い） ・パソコン講座（入門編） ・スピーチ講座・文章講座 ・論理力を身につけたい ・コミュニケーションスキルを身につけたい ・心理学、カウンセリング講座 ・これからの生き方
若者		・仕事や家庭で活かせる実利的なもの （語学、パソコン、料理） ・体験型ワークショップ ・お笑い
主婦	子育て中	・子育て中の孤独感を解消したい ・大人と会話をしたい ・1986年以降に働き始めた男女雇用機会均等法世代の母親は、仕事で認められた経験があるだけに、今の自分をほめてもらいたい、評価されたいという思いが強い ・女性であることのもやもや感が常にあり、その解消を求めている ・夫婦や子どもについての悩みを話せる場がほしい ・保育付きが条件で家事や再就職に役立つ実利的なものを習いたい ・仲間作り、居場所作り ・「自立」したい

この講座は、満足度もとても高く、そのまま受講者同士のサークルができました。じつは、夏の『魚のさばき方』アダルト編は七倍の競争率でしたから、「それに残れたなんてこんなラッキーなことはない、このまま終わらせるのはもったいない」と、たった一回の講座だったのにOB会ができたのです。そこに秋の講座の人たちが、「今後も料理を続けたい」ということで、「じゃあ、合体しましょう」となり、「エセナ味楽留《みらくる》」という何ともチャーミングなサークル名で、現在まで月に一回、第三土曜日に「エセナ」の調理室で料理をして食べる会を開いているのです。その日は「エセナおおた」のスタッフも材料費を払ってランチを食べさせてもらっています。それはそれは楽しそうで大成功でした。

吉田さんいわく、「『男性学講座』なんてタイトルでは絶対来ないけど、『男の生き方』だから来てくれた。しかし、これがずっと通用するわけではない」と。

〇七年問題（団塊世代大量退職）に直面する今、一番旬な言葉は、『人生再設計のススメ』だそうです。サブが「これからがおもしろい第二の人生！」と教えてくれました。

そのほか、年代や男女別にターゲットの皆さんが求めているものを表(七〇〜七一ページ)にまとめましたので参考にしてください。

第三章　胸に響くタイトルをつけよ

その企画のウリは何ですか

愛知県で講演を依頼されたときの話です。一番前で一生懸命話を聞いてくれていた女性二人組が、チラシを見てほしいと休み時間にもってこられました。タイトルは何と『トーク&ディスカッション』。チラシの下のほうに小さい字で『男女共同参画　云々』と書かれていました。これでは「手段」がタイトルになっているだけです。ターゲットを聞いても「誰にでも来てほしい」と言い、ウリを聞くとちょっと考えた後に「勉強になる!」と答えたのです。わざわざ勉強しに講座に来るのは行政の担当者か一部の限られた人だけです。タイトルとターゲットをもう一度考えるようにおすすめしました。

せっかく面白い企画を立てても、素敵な講師を呼んでも、ターゲットもウリも言えないで「誰にでも来てほしい」という講座では人は集まりません。

ま、どうも人が集まらないという場合は、仕方がないので、まず知り合いや職員に動員をかけて人を集めるしかありません。そして、なぜ人が来なかったかを分析して、次に役立てることです。

金沢で『行列のできる講座の作り方』という講演を依頼されたとき、受講者の方から、「お寺の本堂でヨガを教える講座なのですが、どういうタイトルがいいでしょう」と相談されました。

「ターゲットは誰ですか？　ウリは何ですか」と聞いたら、「ターゲットは働いている若い人で、日頃の疲れを癒してほしいのだ」と即答されました。「ウリは」と伺うと、しばらくして、「お寺の本堂の四〇畳の畳の上でヨガができるということくらいしかない」とのことなので、「それをタイトルにいかさなくては！」と言いました。

そこで考えたタイトルが、

『お寺の本堂・畳40畳の上でYOGA』

この「YOGA」はいくらなんでもわかりにくいのでカタカナにとアドバイスし、

『お寺の本堂の40畳の畳の上でヨガ』がいいのではないかと話しました。

こんなタイトルで人が来たのは見たことない！

人が来ない講座は、まずタイトルがダメなことが多いのです。どんなものかわかっていただくために、これからいくつか典型的な例を挙げてみましょう。私はこんなタイトルで人が来たのを見たことがない、という例ばかりです。

①法律、条令の文言や講座目的そのまんまのタイトル

『明るいまちづくりへの参画』
『男性の家庭参画セミナー』
『男女共同参画セミナー』

漢字ばかりで硬いイメージになっているだけでなく、「ちょっとは工夫しろよ」とつっこみたくなるタイトルです。このタイトルで「おお、俺も家庭参画を学ぼう」「そうだ男女は共同参画しなくてはいかん」と思う受講者がどのくらいいると思いますか？
目的を前面に出しすぎるとかえって目的が達成できないのです。

②社会背景表現型

『晩婚化と男女のゆくえ』

『男女共生社会を生きるわたし』
『変わりゆく社会と女男《ひと》』

「だからどうした」と言いたくなるタイトルです。「ゆくえって言われても……」と思うし、『○○なわたし』っていったい何なんでしょう。どういう講座かわかりません。

三番目は、前述したように「エセナおおた」でやって大コケしたタイトル。「それが私に何の関係があるの？」と思われるタイトルでは人は集まりません。社会背景をタイトルにしても「私」に関係のある内容がタイトルに表現されていなければ、わざわざ講座に足を運ぶ気になってもらえません。

③疑問を投げかけるタイトル

『昭和、わたしたちはどう生きてきたか？』
『ジェンダーって何？』
『今子どもに必要なことは？』

疑問形タイトル、受講者に問いかけるタイトルで人が来たのを私は見たことがありません。受講者に質問したところで受講者はそれに対しどう答えればいいというのでしょうか？受講者は何かがわからないから行くのだから、これこれがわかるようになる講座です、という方向でタイトルをつけるべきなのです。とくに『○○って何？』というように言葉の意味を受講者に問いかけるタイトルは大変多いです。私自身も以前『ＤＶって何？』とつけたことがあります。もちろん定員割れでした。疑問形のタイトルはあまり考えなくてもよいのでつけてしまいがちですが、これはまさに主催者側の怠慢です。その講座に出たらこういうメリットがあるということをしっかりタイトルでアピールするべきなのです。

④認知率の低い言葉を使っている

『職場で役立つアサーティブ（自己表現）トレーニング』

わざわざかっこつきでカタカナ語の意味を説明しなければならないような認知率の低い言葉は使ってはいけません。

講座を開く意味の一つに、「新しい概念をみんなに伝えたい」というものがあると思います。学校でしたら「デリバティブ入門」「マクロ経済学概論」のような授業があった場合、学生は「これを学ばないといけない」と思っていますから、実際にどういうことをやるのかよくわからなくても授業に出てくれます。まさにそれを学ぶために学校に来ているのですから。しかし、一般に向けての講座のとき、主催者側が学校のようなつもりになって、「みんな知らないだろうから教えてあげよう」という感覚は大間違いです。

たとえば、私たち男女共同参画に関係する人間のあいだでは、「ジェンダー」という言葉が「常識」となっていますが、この言葉を世間一般皆が知っていると思い込んだらダメなことはよくおわかりになると思います。私自身、「エセナおおた」に入って「じぇんだあ？何それ？」という感じでした。こういうなじまない言葉、ある業界だけの言葉は「知らないほうが悪い」となりがちですが、「そんな認知率の低い言葉、使うほうが悪い」のです。ある業界だけでいつも使われている言葉が、世間一般では非常に認知率の低い言葉であることに気づく必要があります。

以前、「どうせ人が来ないのだから、啓発するために認知率が低くても新しい言葉を使い、そこに注釈で説明文を載せている」という自治体がありました。

チラシで啓発をすることはまず無理です。「何じゃ、これ」で終わってしまい、チラシを手に取ってもらうこともできません。まずは講座に多くの方に来てもらって、それから意識改革を促すしかけ作りを考えていくことが必要です。

⑤受講者の立場を否定するタイトル

『お父さん、もっと家庭のことに目を向けてみませんか！』
『このままじゃいけない』
『おやじ改造講座』
『子どもに嫌われないための講座』

ただでさえ、女性センターは男性にとっては入りづらい場所なのに、このようなタイトルでは、「家庭のことに目を向けていないでしょ！」と言わんばかり。怒られるために講座に行く人はいません。企画者が「えらそう」だし、当の男性にとっては大きなお世話です。

また二番目の「ここままじゃいけない」は、専業主婦向けの講座のサブタイトル案だったのですが、ボツにしました。専業主婦のままではなく、将来のことを考えて再就職も視野に入れてほしいという企画者の意図は確かにありますが、今の三〇代後半までの女性は、専業主婦になったのは自分の意思で選択した結果と思っている世代です。私もそうですが、自らの意思で選んだ「専業主婦」という立場を否定されるのは嫌なものです。「働きたかったのに、専業主婦の道しか選択肢がなかった」世代からすると、老婆心からか、若い世代にアドバイスをしてあげたくなるようですが、それがかえって逆効果になることもあります。ターゲットの立場や育ってきた背景を理解したうえで、講座タイトルを考える必要があります。

結果的にこの講座のサブタイトルは「そのまんまでいいよ」になりました。企画者サイドとしては決して「そのままでいい」とは思っていませんが、まずは相手の立場を肯定し、受講者自身に将来のことなどを考えてもらい、自ら「このままじゃいけないかも……」と気づいてもらえるような講座プログラムにしていきました。

最後のタイトルは、『もっと子どもに好かれる講座』ならいいと思います。

⑥レッツ系

『人権を学びあおう』
『もっと家庭に目を向けよう』

標語のような「○○しよう」系のタイトルはまったく訴求《そきゅう》力がありません。「こういう正しいことをしないといけないから、ぜひ一緒にやろう」と誘われるのは、なんだか「落ち着かない」と感じさせ、「ご勝手に」という反応になるのだと思います。レッツ系タイトルも、ついついやってしまいがちですが、これも人は来ません。

しかし、これは語尾を「しようよ」とか「あそぼ！」というような話し言葉的な表現でメッセージ性のある言葉にすると現代の気分にマッチした雰囲気が出てきます。

⑦人に言えないタイトル

『尿失禁講座』
『ＤＶ被害者セミナー』
『ＥＤ解消講座』

このようなタイトルは避けたほうがいいでしょう。とくに、ＤＶのような問題では、当事者は「自分を被害者と思いたくない、人に知られたくない」というつらい気持ちがあることを理解しなければいけないと思います。

そこで、『ＤＶ支援者セミナー――大切な家族・友人が被害にあったら…』と銘打ったところ、はじめて定員オーバー、三〇名を超えた申し込みがありました。

それまでのDVの講座の申し込みでは、皆「私じゃないんですけど……友達が……」と言って申し込まれていたのです。もしかしたら被害に苦しんでいるご本人かもしれませんが、「自分が被害者」と言いたくないケースもあるでしょう。だったら支援者という言葉を使ったほうが、支援する立場の人も、被害にあっている方も来やすいのでは、と思ってタイトルの方向を変えてみたら本当に集まりました。

ただ、DVの講座であることはごまかしてはいけないと思ったので、DVという言葉は表に出しました。

この場合は、大田区外、東京都以外にもチラシを送りました。受講者の気持ちになれば、この種の講座は地元では行きたくないはずです。つまり遠くの町に受講希望者がいるということです。そうしたら、八王子や埼玉県からもはるばる参加してくれました。

「楽しい」「役に立つ」「友達ができる」

講座やイベントのタイトルのポイントは「楽しそう」「役に立ちそう」「仲間ができそう」という雰囲気をかもし出すことが必要だと、私の師匠、吉田さんは言っています。この講座に出て自分は無駄に時間を使っているのではなく、自分の得になることをしているのだと納得がいくタイトルがいいのです。そして、同じような悩みを抱える、いろいろ話してわかってもらえるような友達ができそうなこと、これも個別の悩みを抱えて苦しんでいる現代人にとっては大きなメリットです。

そのためにはメッセージ性のあるサブタイトルも効果的です。

つまり、講座の目的がはっきりしていて、受講後の自分自身を評価することができそうなタイトルやサブタイトルが受講者の胸に響くのです。

第四章　よいタイトルを作るには

はやっているものをまねよ

コピーライターでもない私たちに、いきなり素晴らしいタイトルができるわけがありません。また、受講者はものすごくオリジナリティあふれるものより、「どこかで聞いたことがある」「耳なじみがある」タイトルに惹《ひ》かれる傾向があります。

ですから、人気のあるテレビ番組、本、歌、流行語をぜひ参考にするべきです。

「オリジナリティのあるタイトルをつけたい」という気持ちが強すぎると、わかりにくく、マイナーで気持ち先行のタイトルになりがちです。それより、プロが作ってすでに人気を得て人口に膾炙《かいしゃ》している言葉を取り入れるほうが得策です。

『私らしさ応援セミナー〜咲かせよう！　世界でひとつだけの花〜』
『行列のできる講座とチラシの作り方』

タイムリーなイメージのタイトル

二〇〇五年に大ヒットした講座が『歴史のなかの皇女たち』です。最初は、『はじめての源氏物語』というタイトルでした。企画も通して、「さあ、広報しようか」というときになって、皇室の女帝問題で、有識者会議の委員会ができたという報道が流れました。そこで、ターゲットは変えずに企画自体をそっくり変えたのです。今なら人々の関心はこっちだ、と。来年になったら、もうこのタイトルではできないと思ったわけです。普通は、皇女をメインというのは地味な印象でしょう。

タイトルは講師の先生の著書のタイトルを使わせていただいたものです。『はじめての源氏物語』は翌年行い、これも大ヒットしました。

日頃からタイトルネタ収集を！

タイトルを上手につけるためのコツは日頃からタイトルに使えそうな言葉を収集しておくことです。タイトルは自分の頭の中だけで考えていても出てきません。狭い世界でしか生きていない自分なのにそんなに豊かな発想が浮かぶわけがないのです。そう謙虚になったら、街でも電車の中でもあらゆる年代、あらゆるジャンルの「はやりもの」「はやり言葉」をリサーチする癖をつけると、とても言葉のイメージが豊かになります。

以下は私がやっている方法です。このリストをぜひ役立ててください。

①新聞でリサーチ

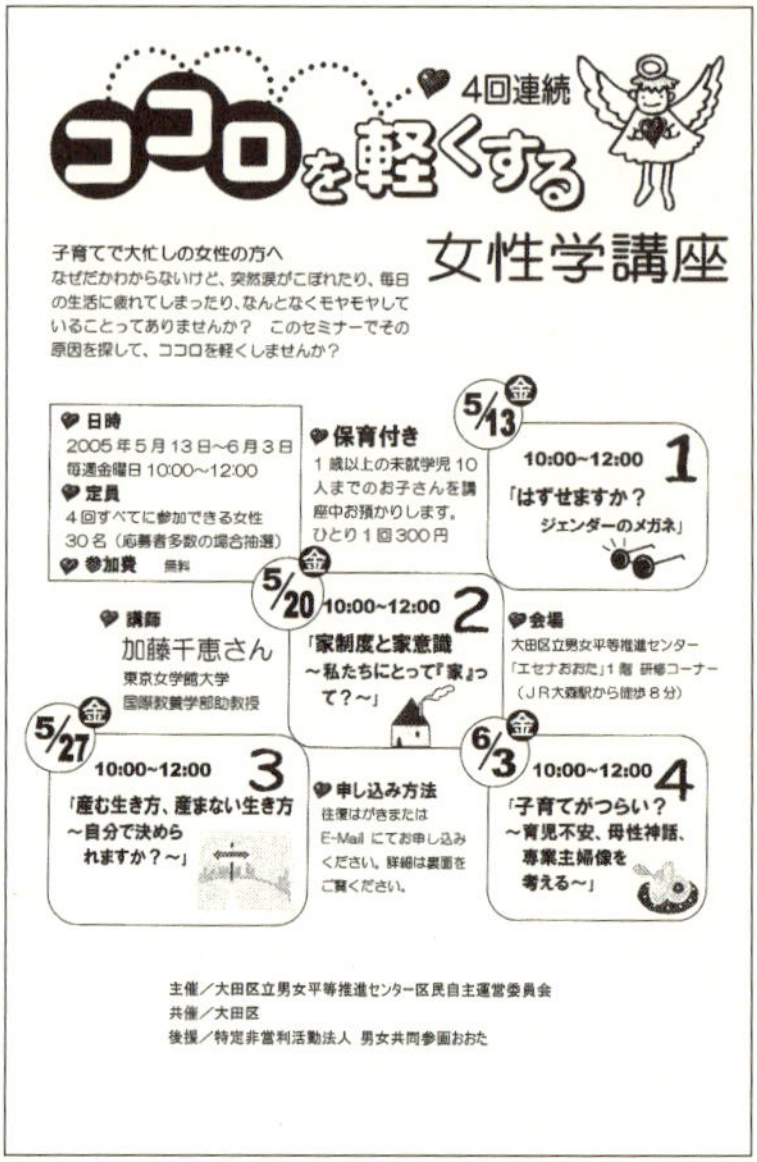

心や体は「ココロ」や「カラダ」に

新聞を読むときにちょっとだけ講座タイトルを気にして読んでみるようにします。タイトルだけでなく、講座企画そのもののヒントも載っているかもしれません。

②ターゲットが読む雑誌の見出しをチェック

買わなくていいので、本屋に行ってターゲット層が読んでいる雑誌からタイトルのヒントをもらうといいでしょう。若い女性に来てほしいと思ったら、若い女性が読んでいる雑誌の見出しを見るといいと思います。電車の中吊りは言葉の宝庫です。私は中吊りで、「若い女性に最近、健康ものが受けている」（従来中高年向けだと思っていた）、そして「若い女性には心はこころ、ココロ、体はカラダのようにひらがなやカタカナで書くと受ける」とわかりました。

いくつか私が参考にしている雑誌を挙げてみます。ターゲットが働く女性なら、『日経ウーマン』『Ｄｏｍａｎｉ』など。子育て中の女性なら、『ＶＥＲＹ』『おはよう奥さん』。専業主婦なら『主婦の友』『婦人公論』などです。

男性がターゲットのときは、本屋の「男性情報誌」コーナーの本を読みあさります。

③書店はタイトル探しの宝石箱

売れ筋ランキング上位の本を書店で張り出してくれていますから、そういう本のタイトルや目次もチェック！　いい言葉、使える言葉が並んでいることに気づくでしょう。なにせ書籍のタイトルはベテランの編集者が練りに練って売れ筋を考えているものなのですから、参考にしないのはもったいないです。

④人気のテレビ番組をチェック

視聴率のよい番組をチェックして、今のブームに敏感になりましょう。

ターゲットに合わせて工夫したタイトルで人を呼ぶ

開催時期	「エセナおおた」の名タイトル	ターゲット	応募数等
2003年9月	『私らしさ応援セミナー～咲かせよう! 世界でひとつだけの花～』	働く若い女性	定員40名 申込者37名
2003年10月	健康サロン 『昼は○○《まるまる》思いっきりエセナ』	シニア層	定員なし 申込者18名
2004年4月	『「冬のソナタ」で始める韓国語講座』	「冬ソナ」好きの方	定員25名 申込者135名
2004年5月	『女性のための心の栄養補給講座』	専業主婦	定員30名 申込者51名
2004年7月	子育て応援団@《あっと》エセナ 『おとうさんといっしょ!』	若い父親	定員30組 申込者31組
2004年10月	『コミュニケーション上達講座』	主婦	定員30名 申込者75名
2005年4月	教養講座 『歴史のなかの皇女たち』	シニア層	定員35名 申込者104名
2005年5月	『ココロを軽くする女性学講座』	子育て中の母親	定員30名 申込者45名
2005年11月	『がんばりすぎる人のためのハッピーコミュニケーション術』	就業中の方	定員25名 申込者35名
2006年2月	『子育てママのためのお金がたまる! 家計術』	子育て中の母親	定員30名 申込者115名
2006年6月	『行列のできる講座とチラシの作り方』	人が集まらなくて悩んでいる講座企画者	定員60名 申込者186名

⑤はやりの歌をチェック

歌詞の中に響くものがあるはず。とくにドラマの主題歌は要チェックです。

⑥ターゲット層の会話をそっとチェック

レストランや、電車の中でターゲット層が会話をしていたら、聞き耳をたてましょう。何に興味があるのか、どんな言葉を使っているのかがわかります。

⑦講座後のアンケート内容をチェック

アンケートにはターゲット層が考えていることや今後やってほしい講座のヒントが目白押し！　たくさん書いてもらう工夫をしましょう。

⑧講座参加者の参加動機をチェック

受講者には、どうしてこの講座に参加しようと思ったのかを必ず聞きましょう。タイトルに惹かれたのか？　講師に惹かれたのか？　内容に惹かれたのか？　タイトルなら、そのタイトルのどの言葉が響いたのかを聞きます。

必死で忘れないよう覚えたフレーズを使ったタイトル

いつもメモ帳を持ち歩いて気になる言葉はすぐメモしておく私ですが、ある日、歯医者さんの待ち合い室で雑誌を読んでいたとき、ちょうど次の講座にぴったりのフレーズを見つけたのです。しかし、そのとき、メモ帳を忘れてきてしまっていました。治療中から帰宅するまで、「その一言を相手に伝える」というフレーズを頭の中でくり返して必死で忘れないようにしました。

できたタイトルが、

『その一言を相手に伝えるコミュニケーション術』

です。「シゴト帰りにサクサクおけいこ」というキャッチも若い人の流行語にヒントを得たものです。

講談社+α《プラスアルファ》新書

ANNO 2000

その一言で人を呼ぶ言葉がある

「言葉」こそ人を呼ぶのだなあ、とつくづく思ったこんな「事件」がありました。

『女性のための文章講座』という講座を行ったときです。私がつけたタイトルは『女性のためのパワーアップセミナー』というタイトルでしたが、「パワーアップ」では何をするのかわかりづらいということで区報では、勝手にタイトルを変えられてしまい、講座内容に「文章講座」が入っていたのを採用して『女性のための文章講座』として載りました。そこにつけたリード文も、一五文字ぐらいしか載せてもらえず、「論理的な文章を自分らしく書く」となっていました。

その「論理的」という一言に人々は食いついたのです。

電話が鳴り続けました。

後で受講動機を聞いたら、ほとんどが「区報を見て『論理的』という言葉に惹かれて〜」というもの。そのとき私が作ったチラシもまた変なチラシで、ダメなチラシ例として紹介しているぐらいのものでした。ですからチラシを見て応募した人はほとんどおらず、区報を見て応募した人ばかりだったのです。二五名の定員で六六名集まった。そのほとんどが「論理的」という言葉で来たのです。

私は、女性が「論理的」という言葉につられて来ることに驚きました。女の人を集めるのに「論理的」はダメだろうと思って、タイトルにも使おうとしなかったほどですから。しかし、女性は、自分自身が論理的ではないと思っている人が非常に多い。コンプレックスになっているのです。

コンプレックスはビジネスになるとはよく言われることですが、そこらへんをくすぐれば人が来るのだと気づいたのです。

「教養」は一〇〇名の人を呼んだ

また、ある世代にとても「効く」言葉もあります。

歴史物の講座に一〇〇名以上の応募があったことがありました。これは年配者に向けて企画した女性史の講座で、これにたまたま「教養講座」というキャッチを入れたら、「教養」という言葉で来た、という人がたくさんいたのです。

戦前生まれの年配の方は「教養」という言葉に弱いということに気づきました。勉強したくてもできなかった世代なので、講師が一方的に講義のように話すだけの講座で喜んでもらえますし、講師が大学教授などの肩書があるだけで、多少お話が聞きづらくても満足していただけます。「私は今、大学の先生の話を聞いている」という充実感を好まれるのです。

歴史上の有名人を並べる

また、年配の方は歴史が大好きです。チラシに自分の知っている歴史上の有名人の名前が載っていると、それだけで申し込んでくれるのです。紫式部や清少納言などです。「教養」と「歴史上の有名人」、これが年配の方を集めるコツです。

「コミュニケーション」は受ける

「コミュニケーション」という言葉も大変受ける言葉です。「コミュニケーション」だけではダメですが、そこに何か一言加えると来ます。「コミュニケーション上達」でもいいですし、『そのひと言を相手に伝えるコミュニケーション術』や、『がんばりすぎる人のためのハッピーコミュニケーション術』などでもいいです。

ところが、ほかのセンターから、「『がんばりすぎる人のためのハッピーコミュニケーション術』というタイトルがとてもいいので、そのまま使わせてほしい」と頼まれたので、喜んでOKしたのですが、チラシを見せてもらったら、『ハッピーコミュニケーション術』になっていたのです。

あわてて、「これじゃ来ないよ」と伝えました。「あのタイトルで人が来たのは『ハッピーコミュニケーション術』で来たのではなく、『がんばりすぎる人のための』で来たのよ」と。もうチラシも配ってしまった後だったのでアドバイスは間に合いませんでした。

目的をタイトルに入れる必要なし

前述の『女性のためのパワーアップセミナー』は、「論理的な文章が書けるようになる」ということで人がたくさん集まった講座でした。講師は当事埼玉県の女性センターの方でした。この方は今は盛岡の女性センターの所長をなさっていて、男女共同参画社会の実現に長年尽力されている方で、講座の「目的」は、「女性にジェンダーの視点を知ってもらって、日常や人生をもっとパワーアップしていこう」というものでした。具体的には、新聞を読み解いて、それを論文にしていくという四回講座だったのです。男女共同参画に関係するような記事や、家庭内暴力とか、男女の役割の違いに関するような記事を扱います。ここで、受講者は文章の勉強もできるし、男女共同参画の勉強もでき、最後に受講者がまとめた論文で、受講者自身が、「赤いランドセルを子どもに持たせたけれども、子どもが青がいいと言えば、青を持たせてあげればよかった」といった内容のことを書いていらっしゃいました。「その子らしさを出してあげればよかった」と発表しているのです。

論理的な文章とは、文法の話ではなく、自分の考えを表す文章のことです。自分の考えがなかったら文章は書けません。女性が論理的な文章を書けないと思いこんでいるのは、自分の考えを言えない、自分で自分の考えをわかっていなかったからなのです。女性が論理的な文章を学ぶということはジェンダーの基本だったわけです。

ここでわかったのは、なにも「男女共同参画を学ぼう」とか「ジェンダーを知ろう」などと「講座企画者」側の目的をタイトルに出さなくても受講者には関係ないということです。そういうタイトルで「意識改革だ」などと華々しくぶちあげたつもりでも、それは完全に企画者の勇み足。

ただし、目的を出さずに講座をやるということは、「前面に出しても効果がない」ということであって、目的を隠して受講者をだますわけではありません。私たちは男女平等推進センターの指定管理者であるＮＰＯ法人なので、男女共同参画をめざした講座を開くわけですが、肝心なのは「意識が低い人たちに自分たちが教えてやろう」とか、「正しいことをやっているのだから目的は前面に出すべき！」などという思い違いをしないで、受講者の得を考えるということです。

そういうスタンスでいれば、受講後のアンケートでも、「○○を習うために来たが、いろいろ違う話や新たな発見（男女共同参画の話）が聞けてよかった」という感想が見られるようになるのです。

『「冬のソナタ」で始める韓国語講座』受講者の声

- ●講師：城内秀子さん（韓国語講師、エセナおおた区民自主運営委員）
- ●内容：ドラマのセリフで韓国語を覚えながら、男女の地位の日韓の比較などについて講義
- ●受講者の満足度：全体で７割以上の方が満足度90％以上と答えている
- ●講座終了後のアンケート内容より

Q「講座後、男女共同参画意識の変化はありましたか？」

A
- ・韓国、中国などアジアの男女の地位や関係について知りたいと思った。（30代・男性）
- ・少しあった。改めて感じたこと、新しく知ったことがあった。（40代・女性）
- ・韓国での男女差、世界での日本の地位がわかり勉強になった。（50代・女性）
- ・まだよくわからないが、この講座で「エセナおおた」をはじめて知ったため、今後いろいろな企画に参加してみたい。（40代・女性）
- ・変化はあった。講師のいろいろな話で考えさせられたから。（30代・女性）

立場や性別、年齢が違う人の意見

タイトルや企画のために、私は周囲にずいぶんヒントをもらっています。友人の若い男性で「月9」ドラマなどトレンディなものは絶対見ないような人が、「『のだめ』は面白いよ」と言っていたので、私も見てみよう、と思い『のだめカンタービレ』というドラマをせっせと見たりしましたし、姉が『オーラの泉』という番組にはまっていて、「面白い、面白い」というけれど、どう面白いかわからないから、周囲に聞くと若い人はみんな見ているんです。若い女性の友人には、スピリチュアル・カウンセラーの江原啓之さんの師匠のような方が恐山《おそれざん》にいるということで、夜行バスを予約してわざわざ恐山まで行ったという人もいます。そんな話を聞き

ながら、「何か講座ができるかも」と考えたりしています。今できなくてもいつかできるかも、と思うのです。

また、自分の属している世界の常識、習慣が皆に通じると思ったら間違いです。いまだに男女共同参画を考える講座というと、「変わりゆく社会と女男《ひと》」のようなタイトルをつけている行政は多いのです。こういう、一般からは「ちょっと変わっている」と感じられるものに、この中にいると染まってしまうのです。まわりが皆そうなので、だんだんそうなってくるのです。

こういうことは、どんな業界にもあることかもしれません。

だから、私もなるべく、女性センターと関係ない友達とご飯を食べに行ったりすることにしています。地元の福岡に帰ったら必ず同窓会を開いて面白い話を聞くし、世界を広げるようにしています。

ターゲットの心のうち

講座で必ずとるアンケートの書き込みでわかった、年代や男女別のターゲットの皆さんの心に響くキーワードを表（一〇〇～一〇一ページ）にしてみました。タイトルや企画を考えるときにお役立てください。

対　象	タイトルのヒント
年配者	「自立」「教養」「健康」「自分史」「紫式部」「北条政子」「源氏物語」「理想の死に方」 カタカナはあまり好まれない。 注意:「ワークショップ」という言葉はまったく受けない。
団塊世代の男性	「気軽に自然に新仲間づくり」「後半人生の楽しみ方」「定年後のもう一つの生き方」「人生再設計のススメ」「力を抜いて生きようよ」

私の個人的メモから抜粋 （いつかタイトルに使うかも）	「誰かを充実させる仕事」「生涯現役」「その一言を伝えるコミュニケーション術」「自分らしく生きる条件」「働き方のヒント」「自分の人生をプロデュース」「自分を伸ばす○○」「がんばらなくても大丈夫」「凹まない」「プチうつ気分とのつきあい方」「凹んでも立ち直る方法」「ズルイほど……」「あふれるほどの……」「しびれるほど……」「幸せのカタチ」「自分の好きなように暮らしたい」「誰かを笑顔にする仕事」「そんな時もあるさ」「○○する5秒前」「思いをカタチに変える」「ハッピーセオリー」「大人の○○」

対象ターゲット別　心に響くタイトルのヒント

対 象	タイトルのヒント
全体	「○○になる3つのコツ」「○○戦略」「○○する方法」 例:「『R25』が活字離れ世代に支持される3つのヒミツ」 「○○」にはターゲット層が苦手だと思い込んでいる内容やターゲット層が目指しているものを入れるとよい。 「コミュニケーション上達講座」 「アナウンサーが教えるスピーチ講座」
若者	タイトルにカタカナを使うことで、硬い講座が軽くなります。 その軽さがココチヨイのです。 「ココロ」「キモチ」「ヨロコビ」「ココロオドル」 「ヒミツ」「カラダ」 「講座」という言葉そのものも硬いイメージがあり、あまり好まれない。 「○○セラピー」「コーチング」
女性全般	「自分の魅力を引き出す」「女を磨く」「ココロとカラダ」 「心理学」「ココロをくすぐる」「ココロを軽くする」 「自分の魅力に気づく」「ごほうび」「セルフカウンセリング」
主婦	「保育付き」が決め手！ チラシで目立たせる。 「再就職」「パソコン」「時間・環境コントロール」 「家計ダイエット」「収納上手」 「論理的思考」「論理的文章」 「ギャクタイ」(漢字ではなくカタカナで重い言葉を軽くする) 「コミュニケーション」

それでも一年たつと染まっていた

「エセナおおた」に入ってしばらくのこと。そのころの私はいろいろな講座や研修に行くたびに、一緒になった人たちに「うちの講座に人が集まらないの。どうしたらいい？　人が集まる講座ある？」と聞きまくっていたようです。夜の飲み会のときもその話ばかり。やがてそういう方たちとネットワークができて、それこそ全国の女性センターの職員や関係者の方とメーリングリストでやりとりができるようになりました。

そんなある日、「今度こういうタイトルの講座をしようと思う」と相談したのです。ちょうど『話を聞かない男、地図が読めない女』という本が話題になっていたときで、「私がつけたタイトル、みなさんどう思いますか？」といって送ったのが、『なぜ女は地図が読めないのか？』というもの。

つけてはいけないはずの疑問形のタイトルで、そこにジェンダーがからんでくるみたいな形でもっていこうと思っていたのです。どう思うかと聞いたら、現在、静岡で男女共同参画に関する啓発誌のアドバイザーとして積極的に活動している一人の男性が、メールで「牟田さん、そんなの人、来ないよ」と答えてくださったのです。

「本当にその人たちが抱えてる課題を解決できるようなタイトルじゃなきゃ。牟田さんはそんなタイトルで行きたいの？」と言われて、はっとしたのです。「実際行きたくなるか」といえば、そうだな、行きたくなるようなタイトルではないなと。

いつのまにか、あれほど変だと思っていた「ギョーカイ」に入り込んでしまっていたのです。最初入ったときは、「こんなんじゃ人は来ない！」「私が行きたくなる講座を作る！」と言っていたのに、一年近くたつと、なんのことはない、まんまと内側の人になっていたことに気づかされたのです。

区報の悩み

区報など行政の広報では、何日もかけて考えたタイトルを簡単に変えて載せてしまうので要注意です。今は方針が変わりましたが、当時は「『ココロ』としてくれ」と言っても、「漢字で書けるものはカタカナではダメだ」ということでした。『お父さんと一緒』も本当は『子育て応援団＠《アット》エセナ「おとうさんといっしょ！」』だったのに最初のフレーズは削除され、「おとうさんといっしょ」はすべて漢字になっていました。イメージが違いますよね。区報に載ったときに「『おかあさんといっしょ』をもじっているのになぜ漢字にするんですか、これじゃぜんぜん伝わらないじゃないですか」と言ったのですが、「漢字で書けるものは漢字です」と。また、ビックリマーク「！」は禁止です、と。そういった区報の決まりを

区報には〝一般的な題名〞に変えられて載る

	講座タイトル	区報掲載タイトル
①	子育て応援団@《アット》エセナ 「おとうさんといっしょ!」	子育て応援団 お父さんと一緒
②	知ってナットク! 年金セミナー	知って納得 年金セミナー
③	「冬のソナタ」で始める韓国語講座	セリフで始める韓国語講座
④	健康サロン「昼は○○《まるまる》思いっきりエセナ」	健康サロン
⑤	めざせ! 対等なパートナーシップ 〜新米マミィのためのスマイルアゲイン大作戦〜	目指せ、対等なパートナーシップ
⑥	男の料理教室「魚のさばき方」	男性の料理教室 〜魚のさばき方と試食〜
⑦	女性のパワーアップセミナー 〜私の文章力を鍛えよう〜	女性のための文章講座
⑧	男の生き方セミナー 〜力を抜いて生きようよ〜	男の生き方「力を抜いて生きよう」セミナー

あちこちの講演会で「大田区ってちょっと変わっています」と私が言いふらしたり、テキストにも大田区の変なところなどを書いていたところ、〇六年からは、担当者が替わったということもあるのですが、ビックリマークもOKだし、タイトルも「これは『固有名詞』だから変えないでくれ」と言えばそのままにしてくれるようになりました。言い続ければ変わるんだなぁと思いました。だから、「あきらめちゃダメですよ。行政も変わりますから」と言うようにしています。

前例踏襲傾向にある行政だって、言い続ければ変わるのです。批判より、一緒に改善策を考えるという姿勢が大事だと思います。しかし区報のタイトルのほうがわかりやすかった場合もあります。

第五章　思わず手に取るチラシの作り方と効果的な広報

タイトルとチラシでこんなに変わった！

大田区立男女平等推進センター区民自主企画

知っておきたい
くらしとお金の基礎講座

子育てママを応援！

～わが家のマル得　生活設計講座～

ファイナンシャル・プランナーが家族の夢の実現にむけてナビゲート

★ くらしとお金にまつわる知っておきたいポイントを、現役子育て中のファイナンシャル・プランナーが分かりやすくお話します。今やっておくべきことを知ることで、将来の不安は解消されます。
★ 4回連続講座。 基礎知識を学んだ後は、自らプランを立てられる実践コーナーもあります。
★ 今年こそは家計管理をしっかりやっていきたい方、まずはここで学んでみませんか？

第1回	2006年 2月 7日（火） AM10時 ～12時	「ライフプランをたててみよう」 20年後の家計は大丈夫？ 家計の未来予想図から今の生活を見直そう！
第2回	2006年 2月 14日（火） AM10時 ～12時	「保障プランはムダなく無理なく」 賢い保険の見直し方を学ぼう！
第3回	2006年 2月 21日（火） AM10時 ～12時	「貯蓄プランで夢を実現」 いつどんなお金が必要？どう備える？
第4回	2006年 2月 28日（火） AM10時 ～12時	「キャリアプランを考えよう」 私の生き方、働き方を考えてみよう！

■会場：大田区立男女平等推進センター（エセナおおた）
大田区大森北4－16－4 TEL 03－3766－6587 FAX 03－5764－0604
■受講料：1000円（4日間分・資料代含む）
■ 定員：30名（応募者多数の場合は抽選） ■保育あり（1歳～未就園児） ひとり1回300円
■ 申し込み方法：裏面をご覧ください　　■締め切り日：2006年1月●日必着

主催：大田区立男女平等推進センター区民自主運営委員会
共催：大田区　FPネットおおた　協力：特定非営利活動法人　男女共同参画おおた

Before　タイトルが硬いし、日時や内容がわかりにくい。
各講座のタイトルはレッツ系。

大田区立男女平等推進センター　区民自主企画第２弾

ファイナンシャル・プランナーが教える

知っておきたい
くらしとお金の
基礎講座

子育てママのための

お金がたまる！家計術

★　こんな方にオススメ！　★

＊ 今年から **家計管理をしっかりやりたい** と思っている方

＊【貯蓄】【保険】の基礎をきっちり学びたい方

★女性ファイナンシャル・プランナーによる４回連続講座★

＊ あなたの**お金のたまるツボ**がわかります！

	講座内容	日時
第１回	「ライフプランが資産を増やす」	2月7日(火) 午前10時～12時
第２回	「賢い保障の見直し方」	14日(火) 午前10時～12時
第３回	「収入アップ大作戦」	21日(火) 午前10時～12時
第４回	「夢を叶えるマネープランの作り方」	28日(火) 午前10時～12時

★1歳～未就園児までの保育をご用意しております

開催概要

■ 会場：大田区立男女平等推進センター（エセナおおた）
大田区大森北４－16－4（TEL　03－3766－6587）

■ 定員：女性30名（応募者多数の場合は抽選）

■ 受講料：合計1000円（4日間分・資料代含む）　保育をご希望の場合：ひとり１回　300円

■ 締め切り：2006年１月24日必着　お申し込み方法は裏面をご覧ください

■ 主催：大田区立男女平等推進センター区民自主運営委員会

■ 共催：大田区／FPネットおおた　　協力：特定非営利活動法人　男女共同参画おおた

After

わかりやすい言い切り型の講座タイトルに変え、イラストで親しみやすさを、日時もわかりやすくした。リード文でどういう得があるかはっきりさせた。

30名定員に115名の応募！

〈解説〉一〇七ページのチラシは、一一五名の申し込みがあったものです。はじめはタイトルも硬く、チラシにイラストもなく、若いお母さん向けとは思えませんでした。イラストがあってもそぐわない場合もありますが、やはり親しみやすいイラストはあったほうがいいでしょう。また「キャリア」という言葉や、「してみよう」型のタイトルはNGです。「〇〇だ！」と断定するタイトルがいいのです。チラシでこれだけ講座のイメージや伝わることが変わってくるのです。

宣伝はターゲットに届いているか

さて、講座の内容が固まり、タイトルが決まったら、広報・宣伝活動をしなくてはなりません。しかし、広告にはお金がかかります。ポスターやチラシの製作費だけでなく、それらを置いたり、貼ったりする場所にもお金がかかります。民間の事業者の方なら、身にしみてご存じでしょう。大阪で行った講演には民間の方も行政の方も来ていたのですが、民間の自営業の人が、「行政があんなに人が集まらないと悩んでいるとは知らなかった」とアンケートに書き込んでいらっしゃいました。「あんなにポスターもベタベタ貼れて、チラシも公共施設に置けて、しかも無料で。だから当然、ものすごく人が来ていると思っていたけど。それだけの広報手段を持っているのになぜ人が集まらないの？」というのがその方の疑問でした。

まったくだ、と私も思います。「公共の講座やイベントはなぜ人を集められないの？」と。民間のチラシは公共施設に置いてもらえないのです。商売とか営利とかになると、一つ受けてしまうと、ぜーんぶ受けないといけなくなるから、全部シャットアウトしています。民間だったら、広告宣伝費を出して一生懸命集客しているのに、行政は自分たちがどれだけ恵まれているか考えなければいけません。もちろん、私もそうです。私も「エセナおおた」にいるから、いろいろな形で無料で広報ができるので、民間に行っても同じ力量があるなんて思っていません。私が独自の事業をやって行列ができる講座が作れるか、というとまた別の話かな、という気がします。

宣伝にいい媒体

受講者に「『エセナおおた』の講座を知った宣伝媒体は何ですか」と聞いたアンケートの答えベスト3です。

〈四〇代以上の方〉
1位　大田区報
2位　チラシ、ポスター
3位　家族や知人から
〈二〇代から三〇代の方〉
1位　チラシ、ポスター、ホームページ
2位　大田区報
3位　家族や知人から

「エセナおおた」では区の広報誌である大田区報を見て、講座を申し込まれる方が多いです。とくに年配の方は区報などの広報誌をすみからすみまで読んでいることが多く、講座も、区報を見て申し込みます。一方、若い人は区報よりもチラシやポスターを見て申し込まれることが多いのです。これは、区報だけではそれぞれの講座の詳細がもう一つわかりにくいからです。いずれにせよ、区報やチラシが重要だということがわかります。

チラシやポスターは公共の講座なら、各公民館やセンター、図書館など公共の施設に無料で置いたり、貼らせてもらえます。しかし、駅のポスターも、一ヵ月四〇〇〇円から五〇〇

○円で貼れることがわかりました。新聞の折り込みチラシは「エセナおおた」の場合、あまり効果がありません。新聞をとっていないターゲットもいるからです。また、折り込みチラシの場合は、ほかのチラシにうもれてしまうA４、A３サイズよりは、B４サイズがいいと聞きました。

また、区報やチラシを見てくれた人が実際に申し込んでくれるように、電話で問い合わせがあったときにていねいに応対するなどの地道な努力も大切です。

民間の企画でも、公立の施設にチラシを置いてもらいたい場合は、あきらめずに何回もトライをするといいでしょう。行政だって働きかけ続ければ変わることもあります。

デザインセンスは邪魔になる

チラシの効果は驚くほど高いとはいっても、専門の広告会社や、プロのコピーライター、デザイナーに頼めるならいいのですが、予算もないのでそうはいきません。そこで手作りすることになります。

チラシには盛り込まなくてはならないものがいくつかあります。それらの情報を受講者の目にとまるように、レイアウトや書体、イラストなどのビジュアル的なことや文面を考えて、もっとも講座とターゲットにふさわしい、「思わず手に取る」「人を呼ぶ」チラシを作らなくてはなりません。

ここで注意しなくてはならないのは、「かっこいいデザイン」にしたら人が来る、ということではない、ということです。また、もし予算があって専門家に頼める場合でも、「この講座はターゲットがこういう人たちだから、こうしてほしい」というはっきりした指示を出さないと、しっかりしたものはあがってきません。私はセンスがある！　と自信があっても、ターゲットを無視したひとりよがりのデザインでは自滅してしまいます。

ダメダメチラシで大失敗の連続

シロウトが作るチラシは、さまざまな「とうてい人を呼べない」欠点を抱えてしまうものです。ここで、私自身や、いろいろな担当者が失敗したチラシを並べてみますので、「こういうのを作っても人が来ないのだな」とわかっていただきたいと思います。

①（一一三ページ）
まるで「企画書」のようなチラシです。文字の書体が全部一緒で目立たないし、使っている言葉も「趣旨」とか「カリキュラム」とか、誰に向けて作っているのかと聞きたくなります。これでは、チラシというより、書類です。情報も百貨店型でもりこみすぎで、何をする

③

子育て講座

地域で子育てを楽しもう！

保育・手話つき

孤立して、一人で抱え込んでいるツライ子育てにさようなら！
みんなで集まって、地域でワイワイつながって、もっと楽しい子育てをする方法を探しましょう！
基本的な知識を学んだり、先輩の話を聞いたり、子育てが楽しくなる講座です。

[会場] [illegible]
[日時] 1月18日（木）、25日（木）、2月2日（金）、8日（木）、16日（金）、22日（木）の全6回
午前9時30分～11時30分
[対象] 子育てに関心のある16歳以上の方 （保育・手話つき）
[定員] 35名 （申込み多数の場合は抽選）
[申込] 往復はがきで[illegible]
[illegible]
[締切] 12月22日（金）（締切を過ぎても定員に満たない場合は、応募を受け付けます）
[問合せ] ℡：[illegible] FAX:[illegible]

裏面あり

①

平成１６年度女性会館就労支援事業

女性の再就職支援講座

[開催趣旨]
女性の再就職は、正規雇用の機会が少なかったり、家事や育児の両立ができない労働条件になっていたりと、困難な課題が多いのが現状です。パート就労をみても賃金と仕事内容が不当に恵まれていないこともあります。そうした現状の中でも、女性たちが希望を持って再就職に踏み出すための基礎知識を学びます。

[学習のめあて]
１．再就職の現状を理解し、そのための法律や制度を学ぶ。
２．自己の適性を知り、学習した知識を生かしてキャリアアップにつなげていく。

[時　間] 午後１時３０分～３時３０分
[会　場] 女性会館　第１講習室
[対　象] 市内在住在勤の成人女性（学生を除く）　※２歳児以上の託児あり
[定　員] ２０名（定員を越えた場合は抽選）
[受講料] 無　料
[申込み] １１月５日（金）午後１時３０分より女性会館へ

カリキュラム

回	日　時	曜	学　習　内　容	講　師
1	11．11	木	職業の適性を考える 自分に合った職業とは何か	日本産業ｶｳﾝｾﾗｰ協会 廣　畑　明　美
2	11．25	木	再就職のための法律と制度 女性が働くための権利と知識	埼玉弁護士会川越支部 松　本　弥　生
3	12．　2	木	起業家になるための基礎知識 女性が事業を起こすという選択	女性のための自立ｻﾎﾟｰﾄNPO　佐藤節子
4	12．16	木	最新の労働市場と再就職 仕事探しのポイントは何か	川越公共職業安定所 小　島　富　男
5	1．13	木	プレゼンテーション能力を高める 自分と仕事を売り込む	㈱自分楽研究所 崎　山　みゆき
6	1．27	木	オプション　パソコン講座 初心者のためのワードⅠ	パソコン指導者 大　渕　洋　子
7	2．10	木	オプション　パソコン講座 初心者のためのワードⅡ	パソコン指導者 大　渕　洋　子
8	2．24	木	中高年女性の再就職の現状 生き方と価値観を問われるとき	朝日新聞記者 佐　藤　美千秋

男女共同参画セミナー　研究編

男女共生時代を生きるわたし

パート Ⅱ　～女性と人権～

女性学、フェミニズム、ジェンダーの基本を学んだ基礎編に続き、パートⅡでは私たちが生きていくさまざまな場面での不平等に、目を向けていきます。

一連のセミナーを通して生きにくさの原因を探り、一人の人間として自立するためのエンパワーメントをめざします。

第1回　2/1（土）14時~16時	第2回　2/10（月）14時~16時	第3回　2/22（土）14時~16時	第4回　3/1（土）14時~16時
国際社会の動きとわたしたち	メディアと女性	性と人権	労働の場と人権
西野恭子さん	諸橋泰樹さん	安達倭雅子さん	塩田咲子さん
内閣府男女共同参画局国際担当	フェリス女学院大学教授	人間と性教育研究協議会	高崎経済大学教授

- 定　員　先着　４０名
- 場　所　エセナおおた　２F　第2・3学習室
- 保　育　１歳以上の未就学児　先着１０名　1/27(月）迄にお申込下さい
- 申込方法　１／１４（火）から受付　電話又はファクシミリにてお申込下さい

主催：エセナおおた　区民自主運営委員会

お申込・お問合せ　TEL（3766）6587　FAX（5764）0604

②

男女共同参画セミナー　基礎編

男女共生時代を生きるわたし

ジェンダーってなーに？　フェミニズムって？

女性たちは真の男女平等をめざして、さまざまな活動をしてきました。

しかし、男女共同参画社会基本法が制定された21世紀に入ってもなお、
まだ女性であるだけで差別される社会が存在します。

女性として、私らしく生きるためにその基礎となる女性学を学び、自分らしさへの気づきの旅へ出かけませんか！

講師　金井　淑子 さん　長岡短期大学教授を経て、現在横浜国立大学教育人間科学部教授
著書「転機に立つフェミニズム」他　多数

第1回　11／18（月）14時～16時	第2回　11／25（月）14時～16時	第3回　12／2（月）14時～16時
女性学への招待	ジェンダー論への招待	フェミニズムへの招待
～自分らしさの気づきの旅～	～「男・女」の軸をこえて～	～フェミニズムのめざす社会～

- 定　員　先着　４０名
- 場　所　エセナおおた　２F　第2・3学習室
- 保　育　１歳以上の未就学児　１０名　申込時、お申し出下さい。
- 申込方法　１１／５（火）から受付　電話又はファクシミリにてお申込ください。

主催：エセナおおた　区民自主運営委員会

お申込・お問合せ　TEL（3766）6587　FAX（5764）0604

講座なのかわかりません。こんなチラシでは、いくら無料でも二〇名も集まりません。

②（一一三ページ）

前回を踏襲したまったく熱のないチラシ。タイトルも「社会背景表現型」のダメダメ例。書体からも「人を呼ぼう」という気持ちが伝わってきません。

③（一一三ページ）

パソコンの書体デザイン機能をいろいろ使ったチラシ。斜めの書体は読みにくいし、第一、子育て講座に七福神のイラストはまったく関係ありません。こういうチラシは一見「プロっぽく」見えてしまうのですが、見る側に訴えるものが少なくなるので要注意です。

④（一一五ページ）

一見、イラストもあって、楽しそうです。しかし、定員割れでした。担当者の若い男性は「どこがいけなかったのでしょうか。夏なので若い女性に栄養をつけてもらいたいと思って。イラストもぴったりだと思ったんだけどなあ」と言っていましたが、ただでさえ暑い夏に、「若い女性」が「豚のイラスト」に惹《ひ》かれて、「平日の午前中」、『スタミナ料理講座』

⑥

暮らしに役立つ消費者基本講座　受講者募集

私たちの暮らしにおける身近な問題を専門の講師が分かりやすくお話します。
どの講座も知って得する暮らしに役立つ内容となっています。
この機会に私たち自身の暮らしについて考えてみませんか？

保育付

日　程	タイトル	講　師	内　容
第1回 9月12日（火）	【消費者問題】現在の消費者問題とは	東京経済大学教授 島田　和夫	消費者問題を知り、自立した消費者となるための基本を学びます。
第2回 9月19日（火）	【食・環境】食糧と環境を考える ～食品輸入の増加～	國學院大學教授 古沢　広祐	日本の食品輸入の増加、食料自給率低下などの視点から、現在の食糧事情を学びます。
第3回 9月28日（木）	【食・環境】食糧と環境を考える ～地産地消への道～	國學院大學教授 古沢　広祐	日本の食品輸入の増加、食料自給率低下などの視点から、将来のあるべき姿を展望します。
第4回 10月3日（火）	【環境】消費生活と環境	(社) 日本消費生活アドバイザー・コンサルタント協会 葛西　光子	私達の生活が環境に及ぼす影響を知り、地球にやさしい暮らし方を考えます。

時間：午後2時～4時
会場：
保育：1才半以上の未就学児（申込の際にお申し出ください）

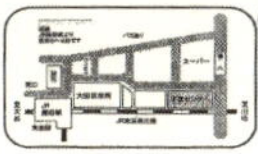

申込み・問い合わせ先
TEL
FAX
お申し込みはお電話で。

④

スタミナ料理講座

身近にある食材を使って、暑さに負けない身体を作りましょう。

内　容　スペアリブのオーブン焼き・スペインオムレツ等
日　時　6月14日～7月12日の毎週火曜日 9:30～12:30（全5回）
講　師　野片　恵子　先生（管理栄養士）
費　用　3.500円（材料費）
対　象　市内在住または在勤（学生は不可）で毎回出席できる方

申込方法
往復はがきに講座名（スタミナ料理）
住所・氏名・年齢・職業・電話番号を記入の上、
5月17日（火）必着でお申込ください。

⑤

これからの
事業案内

男女共同参画セミナー

先人たちの表現の中から、男女共同参画を考えてみましょう。
2回のセミナーですが、ご都合に合わせてお申し込みください。

月　日	テーマ	講　師	内　容
10／20（木）	川柳に見る ジェンダー	川柳作家・著述家 高鶴礼子氏	"川柳は17音字の人間諷詠" 江戸時代から現代までの川柳をジェンダーの意識に注目して一句一句丁寧に解説します。 川柳の奥深さをかいま見る、絶好のチャンスです。
10／27（木）	源氏物語 ＜夕霧の巻＞	源氏物語研究会 源リウ会 黒木睦子氏	今から千年も前に、紫式部は源氏物語の中で、男と女の問題をテーマに「人間とは何か？」「女だって人間よ！」と叫んでいます。源氏物語を通して、どう生きたら人は幸せになれるのか、考えてみましょう。

【場　所】　　【時　間】　午後2時～3時30分
【入場料】　無料　　【託　児】　1才6カ月～就学前の幼児
【申し込み・問合せ】　☎
（電話での申込も受付けます）

に来ることはありません。若い女性に「スタミナ料理」は死語です。少なくとも、若い女性が来られる時間帯、そして、若い女性が好みそうな料理を目立たせるべきです。また、この講座は最初に全回分の費用を徴収するのですが、それを三五〇〇円と書くと、なんだか高い感じ。むしろ、一回七〇〇円と書くとお得感が出てきます。

⑤（一一五ページ）

あまりに人が集まらないので担当者が、「いっそ、もうチラシなんかを見せず、『川柳』と『源氏』の講座だよと言って人を誘った」ということでした。現場の担当者は「男女共同参画セミナー」とうたっても人が来ないことはわかっているのです。しかしこの言葉を入れないと予算がおりない、上司が許可しないなどの悩みを抱えています。一番苦労するのは人集めをしている現場の担当者なのです。

⑥（一一五ページ）

これは「チラシの裏か？」と思いました。「受講者募集」が目立ち、メインタイトルが小さすぎます。これではなんの講座かがそもそもわかりません。目立たせるところが間違っているチラシの例です。

ビフォーアフターでこんなに変わる

次に、私が関わったり、講師として呼んでいただいてアドバイスしたチラシをごらんいただきましょう。「エセナおおた」では、講座受講者から「企画員」を募って次の講座を自主的に企画運営していただいたりします。そういうとき脇からいろいろお世話するのも私たちの役目なのです。

また、私は自分が講師となる講座のチラシは送っていただいて「添削」します。『行列のできる講座』なのに人を呼べないチラシではシャレになりませんから。

①（一一八ページ）

次ページの①は「エセナおおた」のものですが、ビフォアのチラシは、テーマの重さに対して書体が楽しそうで合っていません。タイトルに使用している書体のポップ体は、お祭りやバーゲンセールなどにはいいでしょうが、真面目なテーマには合いません。そこで、書体を行書体にし、タイトル自体も目立たせました。ポップ体はプロっぽく見えてつい使ってしまいがちですが、意外にもプロが一番使わない書体なのです。

①

After

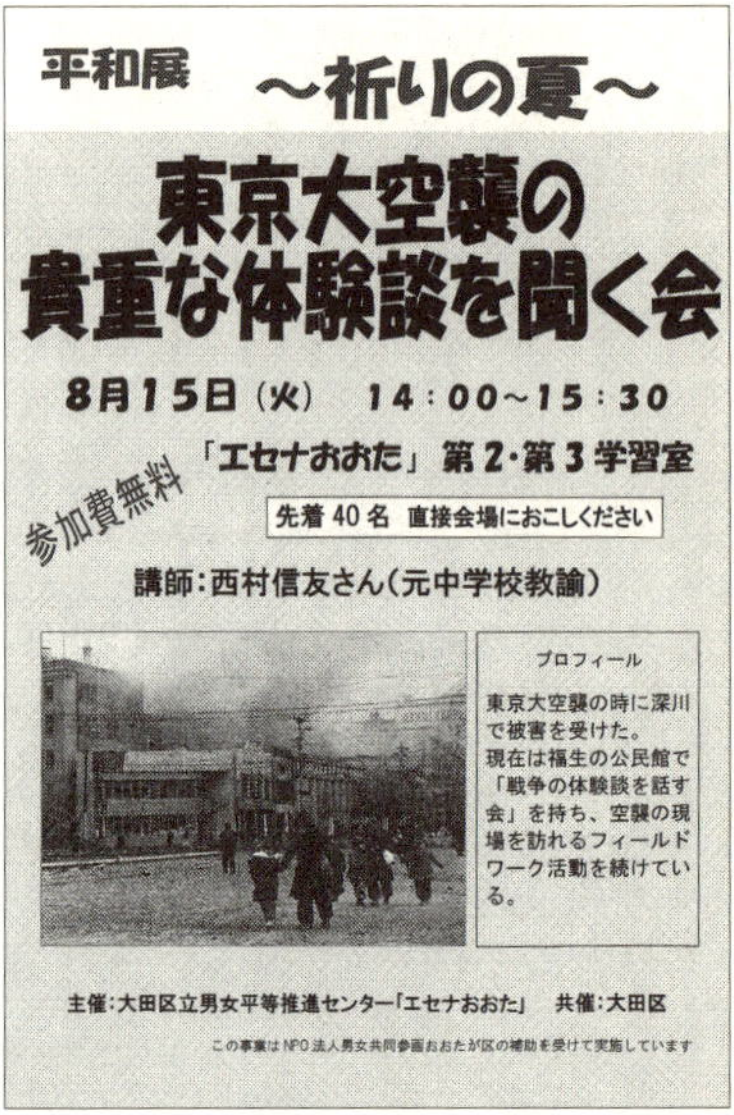

Before

②（一一九ページ）

シニア向けの講座で、企画員さんが立てた企画です。ビフォアのチラシは、文字が全部大きいので、かえって目立たなくなっています。サブタイトルが大きいので何の講座かわかりにくいし、いつやるかがわからないし、シニア向けの内容に軽妙なポップ体が合っていません。そこで、まずメインタイトルを大きくしました。これでターゲットの方々に「これは私が行くべき講座だな」とわかります。そして日付を目立たせました。ビフォアのチラシでは表組みの体裁をとっているものの、表組みとはとても言えないだらだらした表だったのを、わかりやすくし

②

＜５回連続シニア講座＞
参加者募集
私らしい老い支度
～輝いて暮らしたい、あなたに！～
人生最期まで自立した社会人として、自分らしく尊厳をもって生き抜くヒントを見つける講座です。
回 | 日時 | テーマ・講師
1 | 2/27(月) 14:00～16:00 | 気楽に話そう ～こんにちは、よろしく～
2 | 3/6(月) 14:00～16:00 | 誰に、どこまで頼る！？ ～大田区の新しい介護サービス～ 常数英昭(大田区保健福祉部)／矢嶋早苗(はせさんず)
3 | 3/13(月) 14:00～16:00 | 《公開講座》 地域参加でイキイキ、自分を生かす ～楽しみ・生きがい・ネットワーク～ 藤原佳典(医学博士)
4 | 3/20(月) 14:00～16:00 | いつまでも素敵に美しく～シニアのおしゃれ～ 芹澤紀世美(国際モード協会)
5 | 3/27(月) 14:00～16:00 | 地域参加で自分を生かす ～私の場合、みんなで語ろう！～
◆対象・定員◆
概ね５５歳以上の男女４０人
（全回参加できる方）
■日時：平成18年2月27日(月)～3月27日(月)
毎週月曜日　午後２時～４時　全５回
■会場：大田区立男女平等推進センター
エセナおおた（地図は裏面）
■資料代：５００円
■申込方法：往復はがき（締め切り２月15日（水）必着）
申し込み詳細は裏面をご覧下さい
【主催】大田区立男女平等推進センター区民自主運営委員会
【共催】大田区

After

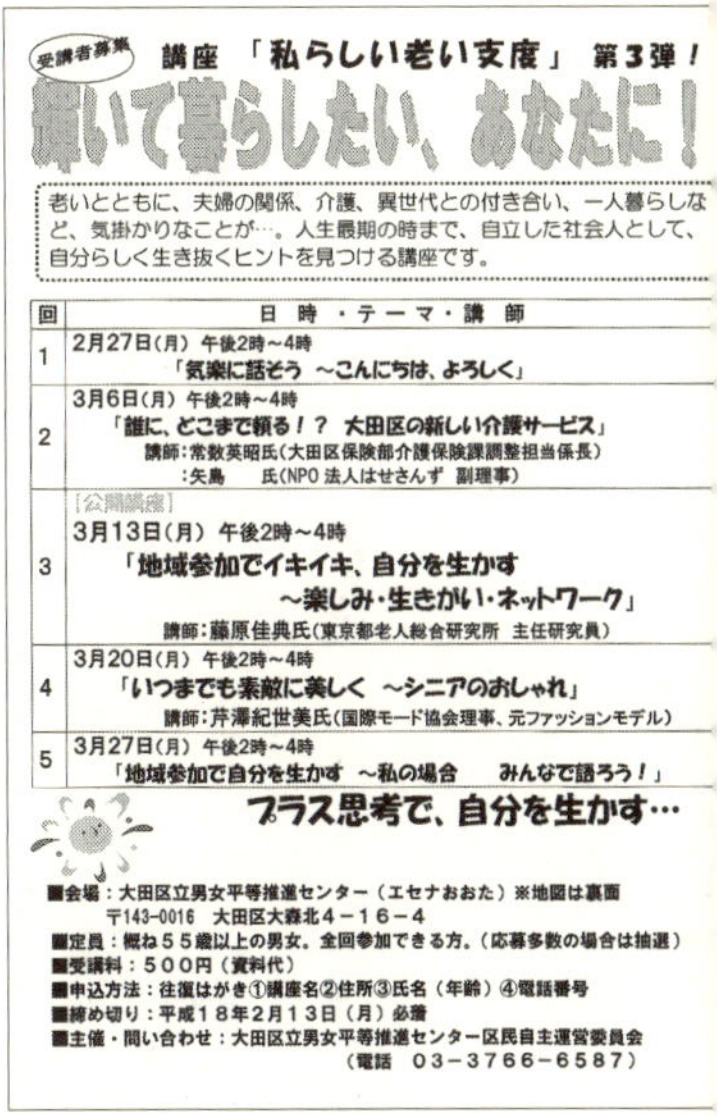
受講者募集
講座「私らしい老い支度」第３弾！

輝いて暮らしたい、あなたに！

老いとともに、夫婦の関係、介護、異世代との付き合い、一人暮らしなど、気掛かりなことが…。人生最期の時まで、自立した社会人として、自分らしく生き抜くヒントを見つける講座です。

回 | 日時・テーマ・講師
1 | 2月27日(月) 午後2時～4時 「気楽に話そう ～こんにちは、よろしく」
2 | 3月6日(月) 午後2時～4時 「誰に、どこまで頼る！？ 大田区の新しい介護サービス」 講師：常数英昭氏(大田区保険部介護保険課調整担当係長) ：矢島　氏(NPO法人はせさんず 副理事)
3 | [公開講座] 3月13日(月) 午後2時～4時 「地域参加でイキイキ、自分を生かす ～楽しみ・生きがい・ネットワーク」 講師：藤原佳典氏(東京都老人総合研究所 主任研究員)
4 | 3月20日(月) 午後2時～4時 「いつまでも素敵に美しく ～シニアのおしゃれ」 講師：芹澤紀世美氏(国際モード協会理事、元ファッションモデル)
5 | 3月27日(月) 午後2時～4時 「地域参加で自分を生かす ～私の場合　みんなで語ろう！」
プラス思考で、自分を生かす…
■会場：大田区立男女平等推進センター（エセナおおた）※地図は裏面
〒143-0016　大田区大森北４－１６－４
■定員：概ね５５歳以上の男女。全回参加できる方。（応募多数の場合は抽選）
■受講料：５００円（資料代）
■申込方法：往復はがき①講座名②住所③氏名（年齢）④電話番号
■締め切り：平成１８年２月１３日（月）必着
■主催・問い合わせ：大田区立男女平等推進センター区民自主運営委員会
（電話　０３－３７６６－６５８７）

Before

ました。そして、イラストは同じ画家のものを三点使いました。四〇名のところ一〇六名の応募がありました。

③（一二〇ページ）

次ページの③はポスターですが、上は「エセナフォーラム２００６」が大きく、文字ばかりでなんだかわからないポスターです。「エセナフォーラム」というまだまだ浸透していない名前を大きくしても無意味です。また、二日間の中身をここぞとばかりつめこみすぎです。

　そこで、まずタイトルを「シンポジウム」と変え、講師を依頼した資生堂、トリンプ、リクルート各社のロ

③

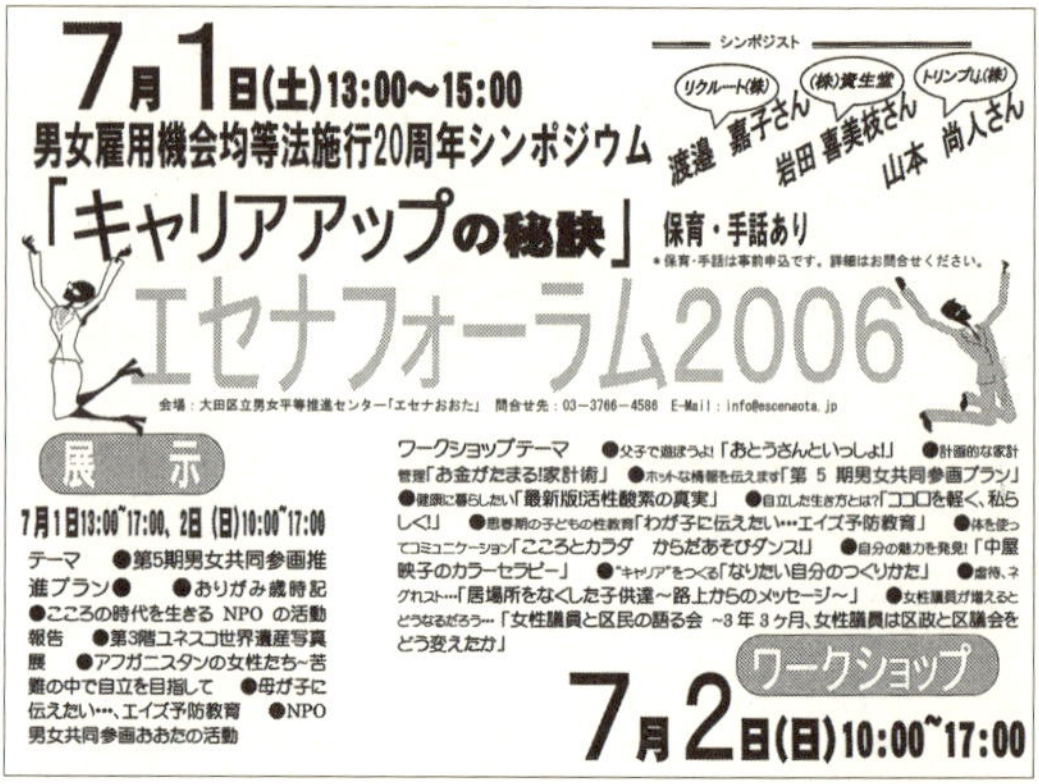

Before

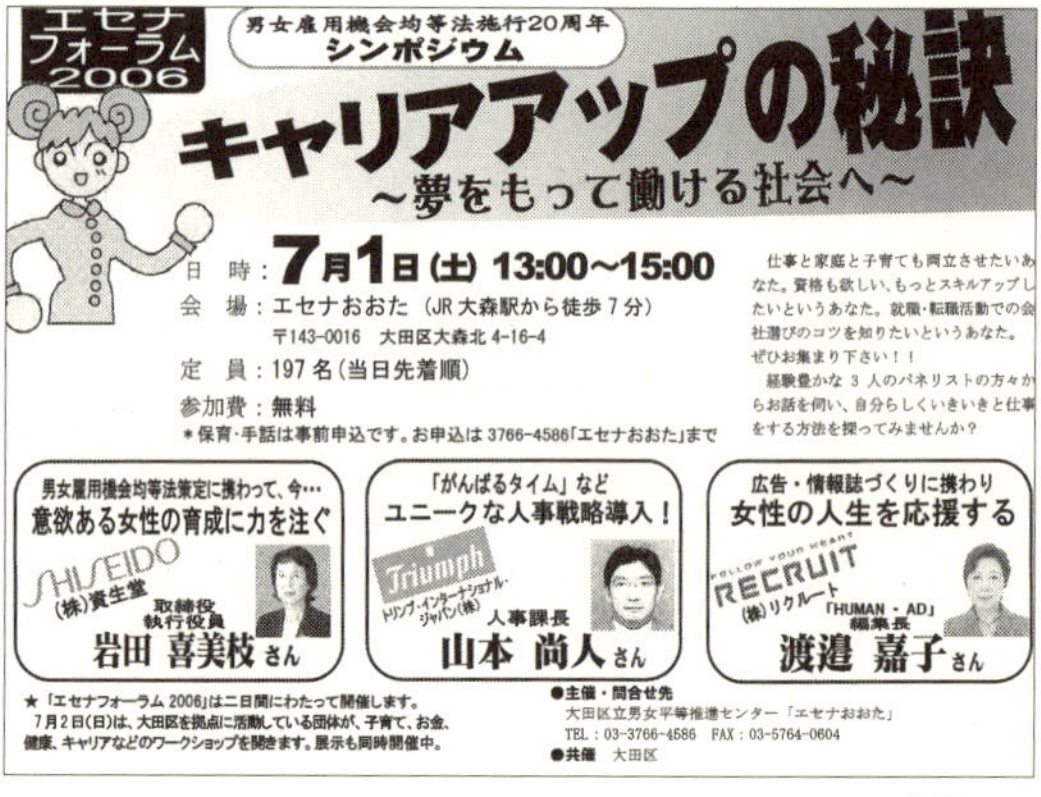

After

ゴを入れて、こういうメジャーな企業の講師が来ることを顔写真つきでアピールしました。

④（一二一ページ）

これは、「区民企画講座」で、一〇万円の助成金を出しているものです。なんとしてでも

④

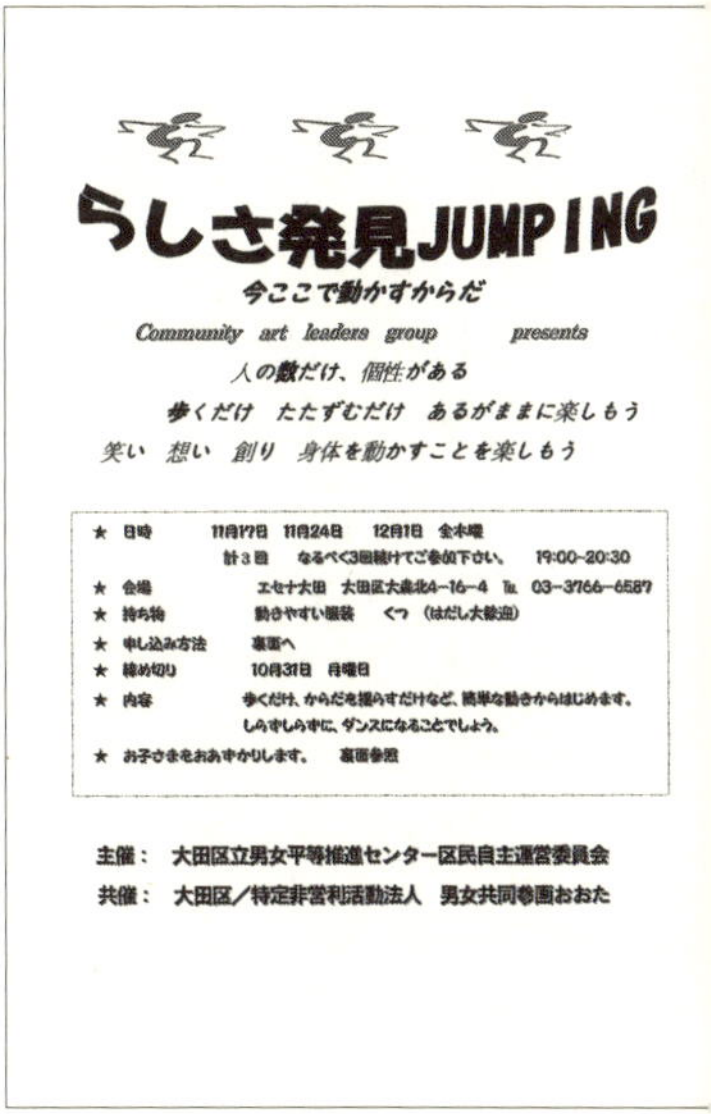

Before

After

定員オーバーしてもらいたいところでした。ビフォアでは、『らしさ発見JUMPING』というわかりにくいタイトルでした。話し合って、『こころとカラダの元気を引き出すボディワーク』に変えました。「心」や「体」は若い女性には「こころ」「カラダ」と、ひらがなやカタカナのほうがすんなり受け入れられます。「ダンス」だとレオタードを用意して踊らなくてはいけない講座なのか、とかまえてしまいますが、「ボディワーク」なら大丈夫でしょう。

　訴えたいことが多くて、力が入りすぎるとダメダメチラシになりやすいのです。

⑤

Before

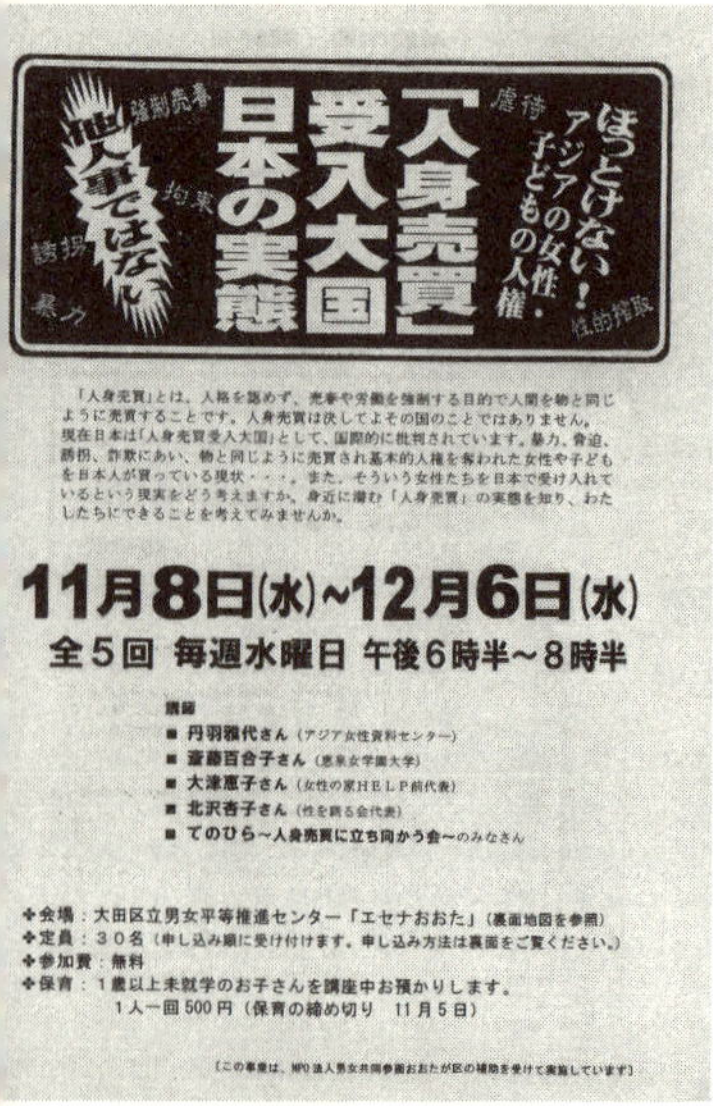

After

また、タイトルなどに、「斜体」（斜めの文字）は絶対に使ってはダメ。わかりにくいのです。そもそもが書体の多くはアルファベット用に作られていますから日本語にはなじみません。

また、ひとつのチラシにフォント（書体）は三つまでが鉄則です。

⑤

これも、ある団体に企画を立てていただいて、一〇万円の助成金を出しているものです。ビフォアのチラシは「人身売買」という文字が大きすぎたので、書体を変えて何を考える講座なのかわかりやすくしました。

タイトルなどもやりとりして、ずっ

⑥

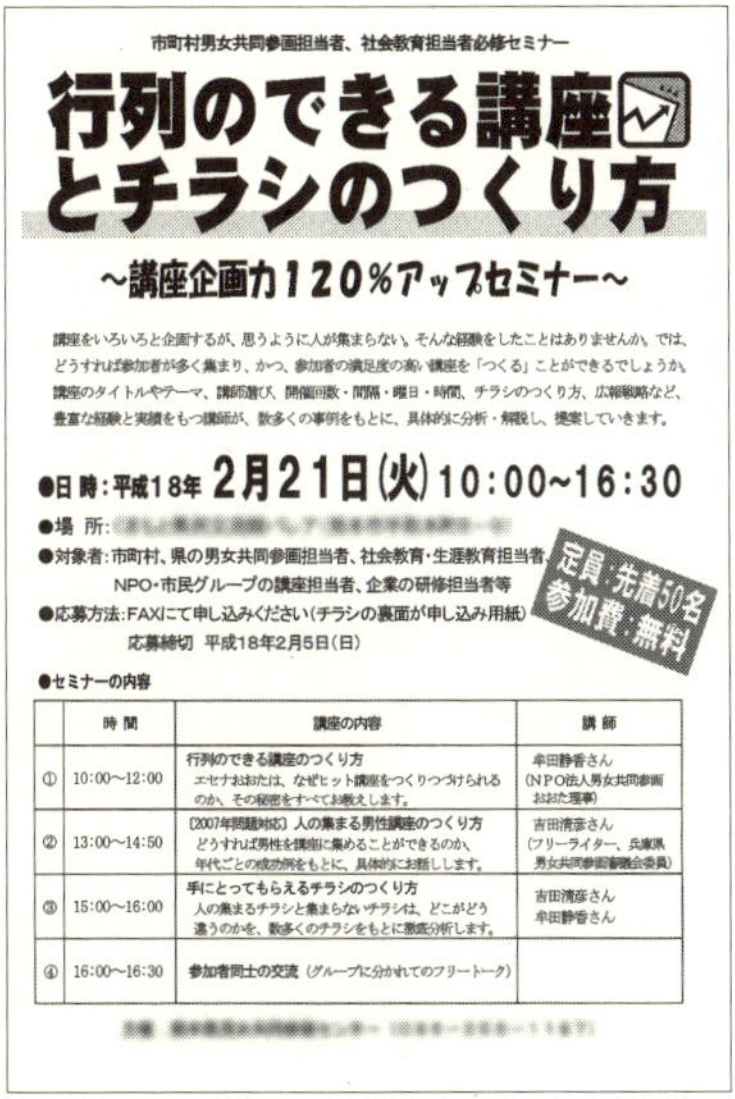
市町村男女共同参画担当者、社会教育担当者必修セミナー

行列のできる講座とチラシのつくり方

~講座企画力120%アップセミナー~

講座をいろいろと企画するが、思うように人が集まらない。そんな経験をしたことはありませんか。では、どうすれば参加者が多く集まり、かつ、参加者の満足度の高い講座を「つくる」ことができるでしょうか。講座のタイトルやテーマ、講師選び、開催回数・間隔・曜日・時間、チラシのつくり方、広報戦略など、豊富な経験と実績をもつ講師が、数多くの事例をもとに、具体的に分析・解説し、提案していきます。

●日 時：平成18年 2月21日(火) 10:00~16:30

●場 所：

●対象者：市町村、県の男女共同参画担当者、社会教育・生涯教育担当者、NPO・市民グループの講座担当者、企業の研修担当者等

●応募方法：FAXにて申し込みください（チラシの裏面が申し込み用紙）
応募締切 平成18年2月5日（日）

定員・先着50名
参加費・無料

●セミナーの内容

	時 間	講座の内容	講 師
①	10:00～12:00	行列のできる講座のつくり方 エセナおおたは、なぜヒット講座をつくりつづけられるのか、その秘密をすべてお教えします。	牟田静香さん （NPO法人男女共同参画おおた理事）
②	13:00～14:50	〔2007年問題対応〕人の集まる男性講座のつくり方 どうすれば男性を講座に集めることができるのか、年代ごとの成功例をもとに、具体的にお話しします。	吉田清彦さん （フリーライター、兵庫県男女共同参画審議会委員）
③	15:00～16:00	手にとってもらえるチラシのつくり方 人の集まるチラシと集まらないチラシは、どこがどう違うのかを、数多くのチラシをもとに徹底分析します。	吉田清彦さん 牟田静香さん
④	16:00～16:30	参加者同士の交流（グループに分かれてのフリートーク）	

After

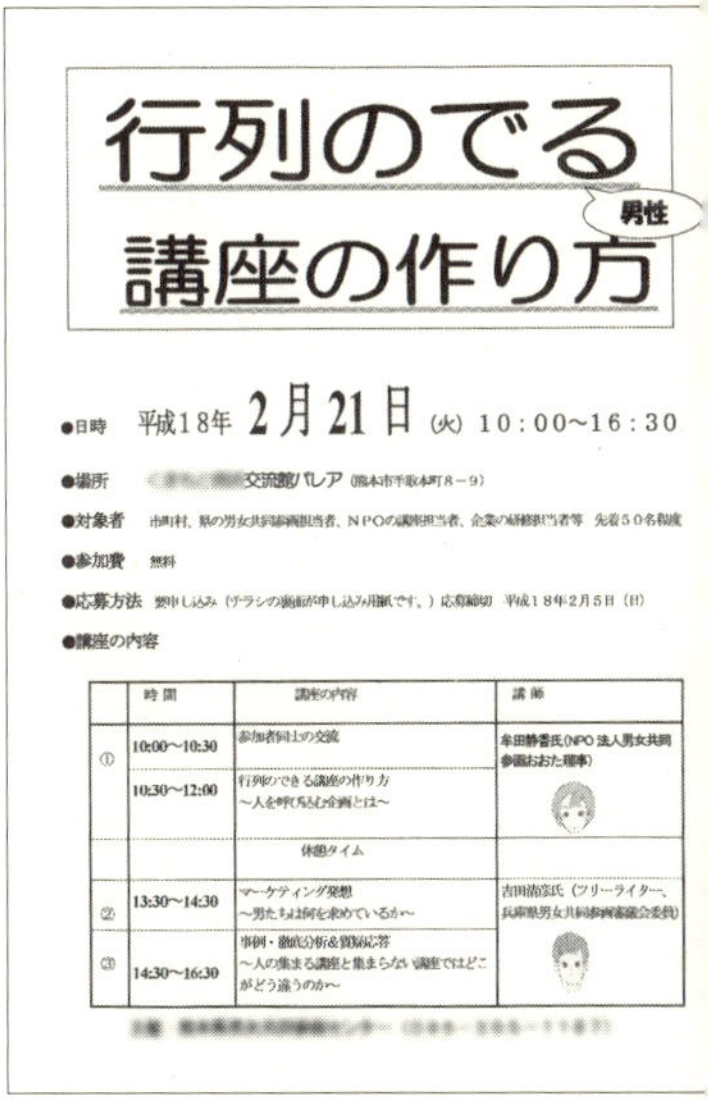
行列のでる
男性
講座の作り方

●日時 平成18年 2月21日 (火) 10:00~16:30

●場所 交流館パレア（熊本市手取本町8－9）

●対象者 市町村、県の男女共同参画担当者、NPOの講座担当者、企業の研修担当者等 先着50名程度

●参加費 無料

●応募方法 要申し込み（チラシの裏面が申し込み用紙です。）応募締切 平成18年2月5日（日）

●講座の内容

	時 間	講座の内容	講 師
①	10:00～10:30	参加者同士の交流	牟田静香氏(NPO 法人男女共同参画おおた理事)
	10:30～12:00	行列のできる講座の作り方 ～人を呼び込む企画とは～	
		休憩タイム	
②	13:30～14:30	マーケティング発想 ～男たちは何を求めているか～	吉田清彦氏（フリーライター、兵庫県男女共同参画審議会委員）
③	14:30～16:30	事例・徹底分析&質疑応答 ～人の集まる講座と集まらない講座ではどこがどう違うのか～	

Before

と一緒に作ってきたのですが、「一〇万円出すんですから定員オーバーはしてくださいね」と言っていました。とはいえ、「人身売買」というテーマですから、定員オーバーは難しいかな、でも努力だけはしてほしいな、と思っていたのです。ところが、皆さんにがんばっていただき、なんと申し込みが四六名も来たのです。これはこの団体の方々の熱意と努力の賜物です。

⑥

私が呼んでいただいた九州の講座です。タイトルは大きいけれど、なんだかスカスカした書体です。

中身がわかりにくいし、裏は全面

ファックス送信票になっていました。これはもったいない。男性はファックスでの申し込みが好きですが、全面では男性にしか役に立ちません。そこで、タイトルを太ゴシックにし目立たせました。タイトルの書体は太ゴシックがおすすめです。パソコンのワープロに年賀状の書体が入っているなら、特太ゴシックや極太ゴシックに。

リードはインターネットなどで検索しやすい言葉を並べます。

日付を目立たせ、各講座の内容を入れて、ここに出ると一日得をするような印象を出すように工夫します。

三大「ダメダメチラシ」

少なくとも次の三つにはならないようにしたいものです。

①役所の書類みたいなチラシ

一見、企画書とほとんど変わらない内容のチラシ。これでは「手に取ってもらいたい」という思いが感じられません。

②前年度踏襲型のチラシ

前年度のレイアウトとまったく同じで日付だけ変えたようなチラシ。

前回定員オーバーしているならよいのですが、定員割れしているのであれば、タイトルやレイアウトは変更するべきです。

③自己満足型チラシ

自分の思いを一方的に表現したもので、チラシ作成初心者に多い。

ワープロソフト「ワード」を覚えたての人がいろいろな種類の〈ワードアート〉を使いまくる。たとえば、影つきの書体は見にくいだけ。また一ページにあまり多種類の書体があると統一感がなくなります。チラシ作成に熱中するあまり、チラシ本来の目的を忘れてしまわないように。

チラシはどう置かれているか

あまりチラシの効果がわからないときに、時期が同じなので一枚のチラシで二つの講座を宣伝しちゃえと思って上下に盛り込んで大失敗しました。

なぜなら、うちのチラシが置いてある図書館やセンターのチラシ棚を見に行ったら、チラ

エセナおおたの2月～3月の講座案内

女性のパワーアップセミナー～私の文章力を鍛えよう～

「文章を書く」実践を通して、自分の言葉で相手に自分の意志を論理的に伝えることを身につけ、女性のパワーアップを目指す４回連続講座です。

講師：平賀圭子さん（埼玉県男女共同参画推進センターWith You さいたま事業コーディネーター）

日程：平成１６年２月１８日～３月１０日毎週水曜日　午後２時～４時

定員：２５名（申込順）

回	日程	内容
1	２月１８日（水）午後２時～４時	オリエンテーション 参加者自己紹介
2	２月２５日（水）午後２時～４時	資料を読み解き、問題点を把握する。書きたいことを箇条書きにする。
3	３月３日（水）午後２時～４時	論文を書き、文章の添削・推敲をする。
4	３月１０日（水）午後２時～４時	論文発表会 意見交換

知ってナットク！年金セミナー

「私の年金はどうなるのかな？」「４月から年金制度はどう変わるの？」といった漠然とした不安や質問に答え、これからのライフプランを考えるきっかけとなる２回連続講座です。

講師：守屋三枝さん（社会保険労務士）

日程：２月２７日(金)・３月５日(金)　午後６時半～８時半

定員：３５名（申込順）

回	日程	内容
1	２月２７日（金）午後６時半～８時半	What's「ザ・年金」～年金のしくみを知ろう～
2	３月５日（金）午後６時半～８時半	年金改正のポイント ～どうする！今後のライフプラン～

◆ 会　場：大田区立男女平等推進センター エセナおおた　１階研修コーナー

◆ 参加費：無料

◆ 保　育：原則１歳以上の未就学児先着１０名まで。（その他は要相談）
ただし、１名１回３００円(おやつ代他)をいただきます。
各セミナー開始３日前までにお申込ください。

◆ 申　込：裏面の申込先へ電話もしくはＦＡＸしてください。

１枚に２つの講座を並べてしまった

シ棚はすべて縦に入るボックス。一番上がほんの少し見えるだけで、下のほうは見えないのです。コンビニの雑誌コーナーと似ています。だからチラシ下段に書いた年金講座が定員割れするのも当然だったのです。まったく見えないのですから。

また、上に書いた文章講座は専業主婦向けの昼間の講座でしたし、年金講座のほうは働いている人のための夜の講座で、ターゲットが違う。したがって開講時間も、気をつけなくてはならない書体やデザインも違わなくてはならないはず。それを、上下にまとめてしまったのでは、ダメに決まっています。その後は、一つのチラシには一つの講座とわかりました。

同じ理由で横に長いチラシも人は見ません。棚は縦型のチラシに合うように作られているので、そのまま入れたら見にくいったらないですし、別の場所に置かれることになりがちです。つい斬新なものを作ろうとした勇み足でした。もっともそのチラシは、企画書もどきのダメチラシで、センスがいいつもりで使った書体の丸ゴシックは目立っていませんでした。

手に取ってもらえるチラシを作る

ここで、手に取ってもらえるチラシ作成のポイントをまとめておきます。

・タイトルは上から三分の一の部分が勝負
・必ず縦型のデザインにする
・イラストはできるだけ入れる
・チラシのあらゆるところを読ませる工夫を

チラシに必要なもの

チラシでは受講者がもっともほしい情報を目立たせることが鉄則です。受講者にとって最も重要な項目は、以下の四つです。

①タイトル（中身がわかるもの）
②講座の日程
③講座開催場所
④申し込み方法

この四つを目立たせることが大切です。

内容の簡単な説明をタイトルの下に書きます。ホームページにも載せる場合、とにかく検索にひっかかる件数が多い言葉を使うといいでしょう。同じ言葉でも漢字、ひらがな、カタカナといろいろ使っておくといいのです。

その他の情報は小さな文字や裏でもかまいません。ましてや「主催者」などは紙面の最下段でけっこうです。場所に関しては、住所や電話のほか地図もあると親切です。

また、費用と定員も示しておくべきです。日程ごとの内容もつけます。なにかあったときの連絡のために主催者の連絡先も入れますが、これは開催場所の電話番号などとまぎらわしくないようにします。電話番号は必ず市外局番から入れましょう。

チラシは必ず表裏両面を使います。

裏には講師のプロフィールや申し込み方法の詳細、また会場までの地図などを入れましょう。チラシの裏全面を使ってファックス送信票にしているところもありますが、裏には細かい情報が載せることができるのでそんなもったいない使い方をしてはいけません。表と裏にはどういう情報を載せると効果的なのかを考えてチラシを作りましょう。

翌年に同じような企画で講座を実施する場合、前回の受講者の感想を入れると効果的です。「中高年の男性はチラシの文字をしっかり読んでくれる」という吉田さんの話を聞い

2005年度「男の生き方セミナー」参加者の感想

- 従来とは違う**地域社会との交流**ができた！（50代）
- **今後の生き方の参考**になった。（60代）
- **講師の先生がわかりやすく、**熱心に教えてもらえたことが良かった。（60代）
- これからは**「生活人間」に変わらなければ**ならないと思った。（60代）
- 料理は包丁の使い方、切り方等**有意義**だった。（50代）
- これからの人生をどう生きるかという問題に、**ひとつの方向性が見えた。**（60代）
- 自分の考え方を変えていくことが、自分が**楽に生きていける**ことにつながると思いました。（30代）
- 男らしく生きる時代から、**自分らしく生きる**時代の方向性を見つける機会として、よい時間を過ごせたと感じています。（30代）
- **同じ年代の方と話ができた**ことがとても良かった。（50代）
- **料理の基礎が習えた**ことが大満足。（60代）

て、『男の生き方セミナー』のチラシに前年のアンケート内容を載せたのです。ひとつひとつの意見にその方の年代も入れました。年代を入れることによってどういう年代の方が参加しているのかがわかりますし、あえて三〇代や四〇代の人の意見も入れることによって若い人も参加していることをそれとなくアピールしました。

すると次回の講座で受講動機を聞くと、「チラシに書かれた受講者感想を見て参加した」という人がちゃんといました。

年配者に受ける縦書きのチラシ

チラシは縦型がいいと言いましたが、縦型に紙を使ってそこに当然のように、文章を横書きに書くというパターンになじんでいまし

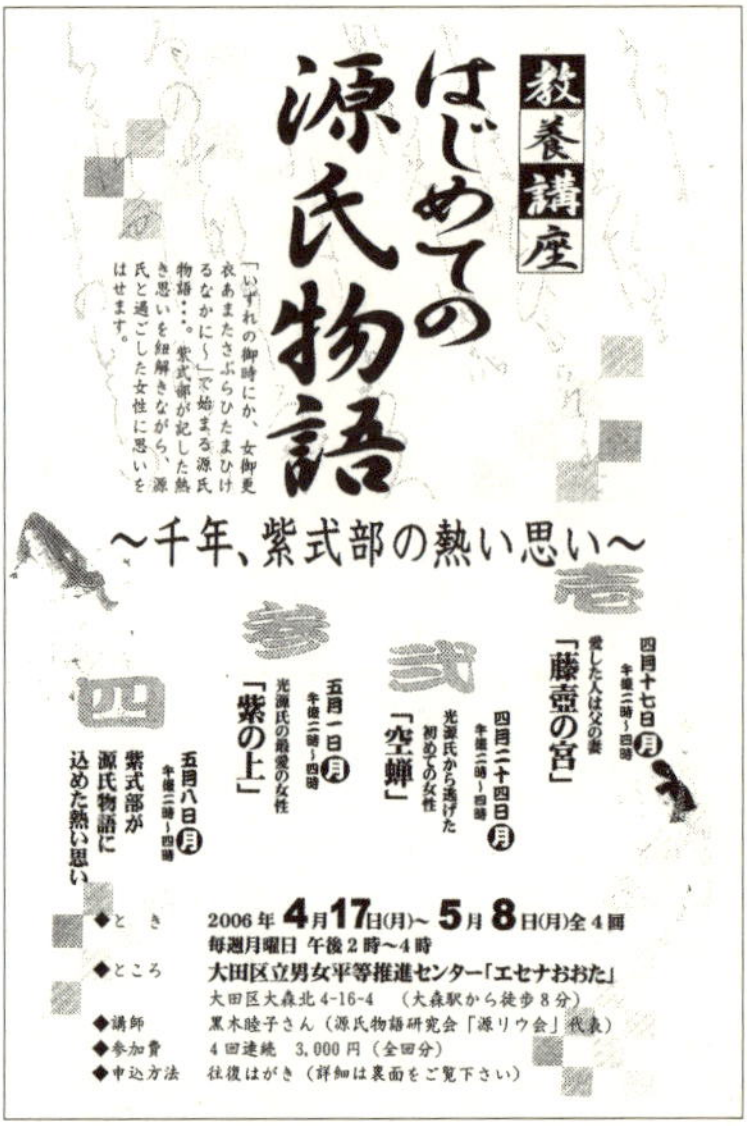

年配の方は縦書きがお好き

た。あるとき、年配者向けの講座のあと、いつものように、白紙の紙を渡して好きなように感想を書いてくださいとお願いしたら、みなさん縦書きで書いてくるのです。若い人の場合は皆横書きなのですが、年配の方はたいてい、縦書きでお書きになる。そのとき、あ、チラシも縦書きのほうが見やすいのでは、と思ったのです。それから、年配者向けのものは縦書きだと。

もちろん、チラシ棚は縦置きで並んでいるので上のほうにタイトルを持ってこないとダメですが、上のほうに「教養」か「歴史」という字がちらっと見えていればいいのです。それだけで手に取ってもらえます。

書体で雰囲気を表現する

気をつけなくてはいけないのが、書体です。ダメダメチラシのところでも述べましたが、書体によってイメージがとても変わるのです。書体は、講座の内容、ターゲットによって変

こういう書体のデザインはわかりにくい

えましょう。そして、さまざまな書体をどう組み合わせるかは、よく考えるべきです。ただし書体を多用しすぎると、統一感がなくなりますので気をつけましょう。

前述のように、「ワード」の〈ワードアート〉機能を使うだけ使って自己満足なチラシを作るのはダメです。

インターネットでは、いろいろな書体をデザインしている人がサイトを開いています。なかでも、「あくび印」の書体（三五ページや一四二ページの左側のチラシで使っている書体）がとてもよいので、若い女性向けの講座用に、私は愛用させていただいています。「あくび印」（http://pandachan.jp/）は原則カンパウェアですが、公共の使用には許可を得れば使わせてくれるシステムをとっています。

書体の種類と効果

①ゴシック体

「MSゴシック」「角ゴシック」「丸ゴシック」などの種類があります。文字が同じ線の太さでデザインされているので、「合理的」「都会的」「ムダのない」といった強い印象がありま す。ただし、多用しすぎるとかえって目立たなくなる場合もありますから注意。遠くから認識しやすいために広告や雑誌の見出しに使用されることが多いです。

②明朝体

「MS明朝」「特太明朝体」などの種類があります。縦の線が太く、横の線が細いのが特徴。「標準的」「バランスがいい」という印象があり、一般的に読みやすいために書籍の本文書体として使用されることが多い書体です。

③ポップ体

マジックインクなどの筆記具で書いたような風合いが特徴。セールの値札などで多用されています。「親近感」「楽しい」印象があります。しかし、真面目な内容のチラシにはあまり好ましくありません。遊びの要素タップリのときに使用する書体です。

④勘亭流

江戸時代に成立した歌舞伎の看板・番付に使われる書体。「和風」「時代風」「古典的」な印象を持たせます。そば打ちや和食の料理、落語など和風のタイトルのものに便利です。

著者のイラストデビュー作

イラストは効果的に使う

「不特定多数」に効果的に伝えるためには、ビジュアルで訴えることが必要です。ですから、必ず、イラスト、図、写真など簡単に意味が伝わるものをチラシに入れましょう。使用するイラストは同じタッチのものを使用しましょう。そうすることでチラシ全体に統一感が出てきます。

じつは私はチラシのために絵を習っているのです。「ひまわりパレット」という「エセナ」の子ども向けのお絵かき教室に参加させていただいています。チラシの絵を探していたのですが、ピッタリくる絵がない、「あ、自分で描けばいいや」と思い一年ほど前から絵を習い始めたのです。上手下手よりも、その講座に合う絵であればいいのですから。

「エセナおおた」の講座チラシは輪転機を使って自分たちで印刷しています。赤と青と黒のインクがあるので、その三色をうまく使い分けてできるだけ目立つチラシを作れるよう工夫しています。単色印刷の場合もあれば、目立たせたい部分だけを赤で印刷する二色刷りの場合もあります。「うちは二色刷りができないからダメだ」とか「カラーのインクがないからよいチラシが作れない」とあきらめず、一色でも充分目立つチラシはありますから、今ある資源を有効活用しましょう。

受講者の好む申し込み方法を選ぶ

申し込みの方法は多ければ多いほど参加者にとってはありがたいものです。電話だけだと間違いが発生しやすいので、電話、ファックス、Eメール、はがき、往復はがきなどなど、まずは申し込みのチャンネルを増やしましょう。

また、ターゲットによって、好まれる申し込み方法が違うことにも注意しなくてはなりま

申し込み方法はいろいろあったほうがいい

申し込み方法	主催者のメリット・デメリット	参加者のメリット・デメリット	対象
往復はがき	参加者の連絡先の把握が確実にできる。返信の際費用がかからず、返信はがきに次回の講座の宣伝が可能。	往復はがきをわざわざ購入しなければならず、手間と費用がかかる。	全般的
電話	申し込みを受け付ける際、聞き間違いなどが多く発生する。	容易に申し込みができるが、働いている場合などはなかなか電話をする時間がない。	年配女性
ファックス	裏表を間違えて白紙の用紙が届く場合がまれにある。	手間をかけず、時間を気にせずに申し込みができる。	団塊世代男性
Eメール	返信メールにホームページの宣伝ができ、メルマガ登録が可能。簡単に申し込みができる半面、簡単に申し込みをキャンセルされる。	参加者は携帯電話から、講座を知ったその場で簡単に申し込みができる。	若者、専業主婦

チラシにはターゲットが好む申し込み方法を目立たせましょう。

E-Mail ***escena@escenaota.jp***

いますぐケータイでお申し込みを!

QRコード読み取り機能つきの携帯電話でデータを読み取ってみてください!

せん。

年配の女性は圧倒的に電話で申し込まれます。若い人は携帯メールです。そして、男性はファックスで申し込む方が多いのです。ですから、ターゲットが好む申し込みツールを大きく書いておくといいのです。

また最近ではQRコード（携帯電話で読み取り可能、インターネットのURLやメールアドレスなど、ボタン操作で入力するのは面倒なデータを簡単に入力できるバーコードの一種）でデータを読み取ることができます。QRコード作成フリーソフトなどを利用して、自分で作ってポスターなどに載せましょう。

ターゲットに応じた申し込み方法をアピールすることで、参加希望者が申し込みやすくなります。

申し込み資格は在住在勤以外も可

公共の講座によく、「申し込み資格」として、その自治体に「在住、在勤であること」をあげていますが、私はこれは意味があるのだろうか、と思います。その自治体に税金を払っている人への利益還元のための講座だから、という意味もあるのでしょうが、そんなことはお互いさまです。違う地区の住民の方だって、この講座に来たいという人は受け入れていいと思っています。

また講座によっては住んでいるところから離れた地域で受けたい、という内容のものもあるわけです。こういう人はその講座に対して強くニーズを感じているのですから、在住在勤を条件にはじいてしまうことになるのはせっかくの講座の意義がうすれると思います。

参考書

私がタイトルや企画、チラシ作りに大変勉強になった本を挙げておきます。

『企画書は1行』(野地秩嘉著 光文社)
『すごいＷｏｒｄ２００３』(嘉本須磨子・すごいシリーズ編集部著 インプレス)
『Ｗｏｒｄ２００３マスターバイブル』(C&R研究所著 ソフトバンククリエイティブ)
『プロとして恥ずかしくないデザインの大原則』(エムディエヌコーポレーション)
『チラシデザイン見本帳』(芳賀正晴著 エムディエヌコーポレーション)

使える! 落選はがき

申し込みツールを往復はがきにしておくと、そこに、次の講座のお知らせを載せることができます。落選した方にも落選はしたけれどもらって嬉しいはがきを作るようにしていま

わたしへのごほうび講座

抽選結果（落選）のお知らせ

　このたびは上記講座にご応募くださいまして、まことにありがとうございました。60名を越える応募の中から抽選後、残念ながらご希望に添えませんでした。この後も下記の講座を予定しておりますのでどうぞお申込みください。

「女性のための再就職マインドアップセミナー」
【日程】平成18年6月6日、13日、20日
　　　　毎週火曜日　10:00～12:00　全3回
【内容】再就職に必要な心構えや最近の就職状況、好感度アップのための面接方法等　【受講料】無料

「こころとカラダの力に気づく女性のための護身術」
【日程】平成18年6月3日（土）13:30～16:30
【内容】犯罪から身を守るための体験型自己防衛プログラム
【対象者】10歳以上の女性
【受講料】1,000円（小学生は500円）

申込み方法:メール、FAX、往復ハガキに①講座名②〒住所③名前（ふりがな）④年齢⑤連絡先⑥保育希望の場合お子さんの名前、年齢、FAX番号を記入してお申込みください。
申込み締め切り:5月23日（火）必着
【主催・お問合せ先】
〒143-0016　大田区大森北4-16-4「エセナおおた」
TEL:03-3766-4586　FAX:03-5764-0604
E-Mail:info@escenaota.jp

落選はがきに次の講座のお知らせを入れる

す。こんなのもありますよ、と次回の講座をお知らせするのです。

チラシの効果的な配布方法

毎回の講座でチラシは一〇〇〇枚〜二〇〇〇枚印刷します。講座開始の一ヵ月半ぐらい前に区立施設に送ります。あまり早くにチラシをまいても、受講者にしてみれば、そんなに先の予定は立てられませんし、後から送付された別のチラシにまぎれてしまう可能性もありますから、この程度の時期が望ましいでしょう。

公共施設には全国から毎日、さまざまなチラシが送られてきます。その中で手にとってもらえるチラシはほんのわずかです。

資源のムダにならないようにやみくもにどこにでも送るのではなく、講座のターゲットに応じてどこの施設に送るかを考えて送ります。

図書館や特別出張所には老若男女が出入りするためすべてのチラシを送るようにしていますが、たとえば年配者向けの講座であれば、児童館や保育園は送らずに「老人いこいの家」に送ります。逆に子育て中の人向けの講座であれば「老人いこいの家」には送らずに児童館や保育園に送ります。

また大田区は各区立施設には、一施設につき一〇枚程度しかチラシを送ることはできません。そこで、応募状況が芳しくない場合には一度送ったチラシの紙の色を変えて二度三度送ることもします。

就業中の人はなかなか広報紙を見たり、図書館などでチラシを手にする機会が少ないために通勤圏にポスターを貼って広報をします。大田区では九〇〇余りの区設掲示板が設置されています。ポスター掲示の許可がおりれば五〇〇ヵ所近くの掲示板にポスターを貼ってもらえます。男性向き講座を行なったときは、やはり、区設掲示板のポスター見て申し込んだという人が多かったです。

新聞社に送る

私は、講座を記事として取り上げてもらった新聞社には、取材に来てくれた担当者あてに必ず次の講座のチラシを送ります。記者のところには、ファックスはたくさん届くようなのでチラシをファックス送信しても見過ごされてしまうようです。ですから、私は必ず「お久しぶりです。今度こういう講座があります」と、手書きで一言添えて郵便で送るようにしています。

「絶対これは人が集まるな」という講座より、「いい講座なのにちょっと地味かな」というとき、また、人数をたくさん集めたいときには必ず送るようにしています。記事で取り上げ

広報活動する媒体とポイント

宣伝媒体	内容の注意事項・その他
広報誌 （区報・市報）	・文字数に限りがあるためできるだけ簡潔な内容にする。インパクトのあるタイトルでどれだけ参加したいと思わせるかが重要。
チラシ ポスター	・ターゲットが来るであろう施設や場所にチラシを送る、持参する。（「エセナおおた」の「たんぽぽ相談」のパンフは地元の病院に大量に置いてもらった） ・ポストインや新聞折り込みは効果が薄い。「数うちゃ当たる」方式ではダメ。ターゲットに届く宣伝を考える必要あり。 ・働いている人は広報誌やチラシを見る機会が少ないため、通勤圏にポスターを貼って、広報する。
ホームページ メルマガ	・「エセナおおた」のHP　URL　http://www.escenaota.jp 若者は区報やチラシは見ないため、HPの検索エンジンにひっかかりやすい言葉で文章を作る。 ・2005年6月より「エセナおおた」のメルマガ発行！ （購読希望の方は escenaotamail@yahoo.co.jp までご連絡を）
新聞社	・各新聞社へ情報を送る。ファックスではなく、できれば担当者あてにチラシを郵送するとよい。
その他	【申し込みの際の媒体を利用】 ・往復はがきで申し込み、抽選にはずれた人に次回のセミナーのお知らせをカラー印刷で入れる（138ページ参照）。 ・メールでのお申し込みの際に、申し込み受け付けの返信に別の講座のご案内や「エセナおおた」のHPを紹介する。さらに申し込み決定時のメールにも別の講座やイベントの案内を入れる。

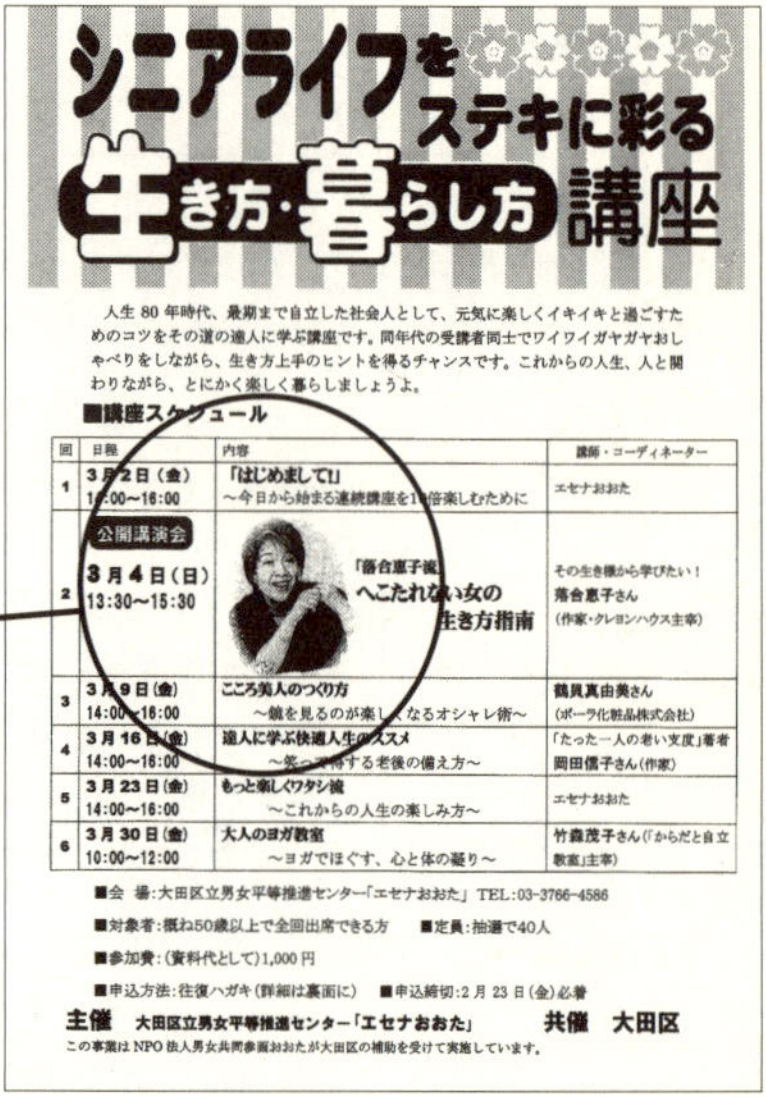

「シニアライフ」の言葉で若返ったシニア講座。さらに若い人向けに落合恵子さんの講演会のみのチラシも作った

ていただければ、人の集まり方に大きく影響します。

チラシデザインで企画も進化

前述の『私らしい老い支度』のタイトルを、団塊の世代が定年を迎える今年は『シニアライフをステキに彩る生き方・暮らし方講座』にしてみたところ、今度は五〇代の方の応募がぐっと増え、あっという間に満員になりました。これはすぐに第二弾を企画し、募集を開始しました。この講座の中には落合恵子さんを招いた講演会が組み込まれています。「クレヨンハウスの落合さん」は若い人の憧れの存在。そこで若い人向けにこの講演会だけのチラシも作りました。「あくび印」の書体を使って魅力的に。これも狙い通り、若い人からの申し込みでうれしい悲鳴ということになりました。このように、タイトルやチラシの工夫でターゲットもどんどん変えられるし、企画自体も進化していくのです。

第六章　満足度の高い講座作りと講師選び

はじめに情報収集あり

私は、講座を企画しようというとき、他の地区や他の団体の似たような講座での人の入り具合を電話などで聞いています。どこも驚くほど人が入っていないとわかるのはこんなときです。電話で聞くと、窓口の人が「こんな講座、やっぱり人は来ませんよね」とあきれていることもあります。もちろん逆に「すごく盛況で、受講者は喜んでいた」ということもあります。

いい講座があった、人が入ったということを聞いたら、「うちでもやろうよ」と会議でもちかけるわけです。

講師を誰にするか?

日頃からいろいろな講座に参加したり、自分のネットワークを利用して講師の情報を集めておくことが必要です。

自分が実際に聞いて「面白い」「この人の話を多くの人に聞かせたい」と思った人を講師として招きましょう。自分が実際に聞いた講師であれば、講座を宣伝するときの思い入れが違ってきますし、講師交渉の際の熱意も伝わります。

講師の肩書や経歴にはこだわりすぎないことが大切です。経歴ではなく話の内容を重視しましょう。講師の肩書より、参加者ターゲットと同じ感性の講師を選ぶことが大切です。

年配の方は大学の先生に習うのが好きですが、子育て中のお母さんはなんだかわからないもやもや感をどうにかしたい、この気持ちを誰かに知ってもらいたいという思いで参加するので、「自分より少しだけお姉さん」の講師がいいのです。偉い先生より経験談を語ることができ、ロールモデルになれる同時代を生きてきた人が響くのです。

また、男性は「男の料理」を「男の講師」に習いたい傾向があります。

講師とのコミュニケーション

講師との打ち合わせはしっかりやりましょう。妙に講師を「先生、先生」とあげたてまつるよりは、対等な立場で要望を話し、よりよい講座を作るための仲間だと考えてしっかり打ち合わせをする、という気持ちが大切だと思います。

また、そうそうたる方をお呼びしたつもりでも、定員割れする講座もあります。有名な講師を呼んだから安心というものではないのです。タイトル、ターゲット、内容などを企画者がしっかりつめておかないと、講師にも失礼です。

講師料はふんだんに払えるわけではありません。大田区の講師料の上限は、だいたい大学

著名な講師の講演会の例

年度	実施日時	講演者名	講演タイトル	参加人数
2002年度	土曜日14時〜	落合恵子（作家・エッセイスト）	『だんだん「自分」になっていく』	197名（満席）
〃	土曜日13時〜	村上信夫（NHKアナウンサー）	『おやじの腕まくり』	100名
2004年度	土曜日18時〜	石井苗子（俳優）	『自由な自分で生きる』	130名

教授クラスで、二時間で二万五〇〇〇円ぐらいです。というのは、区民一人あたり一〇〇〇円ぐらいの税金を使うという計算をしているようです。となると、二〇〇名集めるのであれば二〇万円、五〇〇名集めるのであれば五〇万円出してもいいと私たちは考えています。しかし、センターの一番大きなホールでも二〇〇名しか入れないので、どんな有名な方でも二〇万円程度しか払えないということになります。テレビに出ているような有名人になると一〇〇万円単位になるので、はじめからそういう方は呼べないことになります。

もちろん参加者ターゲットを絞らないで一度に一〇〇名以上を集めたい場合、つまり講演会のようなものは、一般的に有名な方を呼ばないと人は来ない傾向にあります。

こんなことをあるとき、受講者の方が教えてくれました。二市共催の講演会で、テレビにも頻繁に出ている有名弁護士を講師に招いたそうです。有名人なのできっとたくさんの市民が集まるだろうと期待したものの、お互いに「きっと相手の市が宣伝をしてくれているだろう」と思いこんでいたため、両市ともほとんど宣伝をしなかったそうなのです。その結果講演会当日にはほとんど人が集まらず、関係者は大慌てだったとのこと。有名な講師をお呼びしても、ちゃんと広報活動をしないと人が集まらないのは当然です。

講師が無名でも大丈夫

有名な講師を呼べないからといって、あまりがっかりすることはありません。有名ではなくても、受講者の満足度の高い講師がいらっしゃるからです。たんに名前で人を集めるだけなら有名な人にかなわないのですが、講座の満足度の高い講師なら、企画者の工夫で人を集めるようにできるからです。

そのためにも必ずその方の講座を聞いてから交渉するべきです。少ない講師料で来てもらうには、熱意を伝えるしかないのです。「○○センターで先生のお話を伺って、すごくよかったので大田区の皆さんにもぜひ先生のお話を聞かせたい。でも、二万五〇〇〇円しか払えません。それでも来ていただけないでしょうか」と熱を込めて話すのです。そうすると熱意が伝わってOKしてくださるのです。もちろんそうまでしてお呼びして定員割れとなると最悪ですから、必死にがんばることになります。

〈評判のカラーセラピスト〉
中屋映子さん

この「評判の」一言で
講座を申し込まれた方あり!

ところで「講師」という呼び方が「受講者と対等ではなく偉そうに聞こえるのではないか」と考えすぎて、「学習支援者」という言葉を使っている講座を見たことがあります。「学習支援者」ではなんのことかわかりません。「学習」させようと思っている感覚や言葉が、どれだけ世間からずれているのかわからなくなっていると思われます。

効果的なキャッチフレーズで誘う

つまり、講座に人が来ないのは、講師が原因ということはないのです。なぜなら前述のような理由で、誰もがほとんど知らない講師ばかりなので、講師の名前で人が来るというのははじめからありえないからです。ですからチラシに載せる講師の名前は小さくていいのです。

むしろ、講師は名前ではなく、その人がどういう経験をもっているかが大切です。その講師がどういう人なのか肩書だけではなく、簡単な紹介文があるといいのです。さらに親しみやすい顔写真や詳しいプロフィールをチラシの裏面に載せてもよいと思います。

また、講師にキャッチフレーズをつけると大変効果的です。

「前回評判のよかった講師です」

とか、

「〈評判のカラーセラピスト〉中屋映子さん」

とか。この講座は「評判の」という言葉に惹《ひ》かれて人が来ました。

私自身を講師にしてくださる場合だったら「講座倍率三・三倍を誇る」というキャッチフレーズを必ず入れていただくようにしています。私のことなど知らなくてもその一言で人が来るのです。

講師に講座内容を変えてもらうとき

事前に主催者側の意図をしっかり打ち合わせするのは当然のことですが、実際の講座内容が主催者側の意図と異なった内容であった場合、講師にどのように意図を伝えればよいのでしょうか？

もっとも効果的な方法は受講者に毎回アンケートを記入してもらいコピーして講師に渡すことです。受講者は正直なので忌憚《きたん》ない意見を記入してくれます。ただし年配の女性は講師のことを慮《おもんぱか》る傾向にあるので本音を書いてくれないことがあります。そういう場合はアンケートの質問内容を工夫して、本音が出てくるようにしましょう。

また自分が講師として招かれた場合も同じです。私は、受講者の生の声をしっかり受け止めるためにも、毎回、受講者のアンケートのコピーをすべて主催者の方から送ってもらうようにしています。

講座の評判がよくなかった理由は主催者側の意図や目的が、講師にはっきり伝わっていなかったことが原因の場合が多いようです。「おまかせ」ではなく、目的、内容、到着時間、資料等についてはしっかり打ち合わせをしましょう。

受講後のアンケートで「再度同じ講師で第二弾をやってほしい」「時間が足りなかった」と複数の方が記入した場合は講師がよかったと思ってよいでしょう。

講師を育てる、自分も講師に

また、主催者側として講師を育てる意識をもつことも大切です。講師とは対等な立場で、一緒に講座を作っていくという姿勢が必要だと思います。なんといっても講師料を払っているのは主催者側なのですから。

また適切な講師がいなければ、自分たちが講師になるぐらいの意気込みが必要ではないかと思います。私たちも、仲間や地域から講師を発掘して成功しています。『韓国語講座』や『男の料理教室』などもそれです。

身近な人が講師になって大成功

6回連続講座『「冬のソナタ」で始める韓国語講座』(好評のため、同じ内容で2回実施)	
講師は こんな人	大田区立男女平等推進センター区民自主運営委員　慶應義塾外国語学校朝鮮語学科卒業、韓国に3年間在住経験を持つ。
子育て応援団@エセナ　『おとうさんといっしょ！』	
講師は こんな人	大田区立男女平等推進センター区民自主運営委員 「エセナおおた」の講座保育の依頼団体である「保育ネットワーク"Bear"」代表。月に2回子育て中の親子の広場「ぴよたまクラブ」を担当。
『男の料理教室「魚のさばき方」』アダルト編(50歳以上)	
講師は こんな人	サークル「遊食会」代表。社会教育団体。 毎月「エセナおおた」にてシニア対象の広場を開催している。健康を考えた料理を作り、会話を楽しみながら折り紙などの手作業も教えている。
『男の料理教室「魚のさばき方」』ヤング編(49歳以下)	
講師は こんな人	「エセナおおた」最寄り駅のJR大森駅前 下町かっぽう「だら毛」総料理長

仲間でしたら、なんといっても密に打ち合わせができます。資料でわかりにくい表現などはそのつど訂正依頼が可能です。期日の変更に対しフレキシブルな対応ができるのも、身内が講師であるいいところ。年間計画では九月に実施の予定だった『韓国語講座』が、四月からの『冬のソナタ』の再放送に合わせて、急遽時期を変更できたのも身内ゆえ。また応募者が多数だったため、抽選もれの方のために再度六月に同内容の講座が実施できたのも同じ理由です。さらに、講座の受講者が仲よくなって、サークルが立ち上がった場合のフォローもできる、などいいことずくめなのです。

講座を企画する人は、自分でも何か教えられる技能をもっておくことも大切だと思います。

講師は見た目が大切

読者の中には、これから自分も人に話をしたいという方も多いと思います。ぜひ、ご自分で講座を企画するだけでなく、講師としてデビューしていただきたいと思います。

ある日、ギフトラッピングの講師の方を集めた研修に伺ったときのことです。この方たちは、ご自身でラッピング講座を開いて、ラッピングを教えなくてはならないのです。「企画もやらなきゃいけない、講師もやらなきゃいけない。どうしたらいいでしょう」ということで私が呼ばれてお話をしたときに、「人前で話をするときの注意点」を聞かれたのです。

その方たちに言ったのは、「見た目も肝心」ということです。

それは容姿のよしあしではなく、身ぎれいにしていて、「あの人みたいになりたい」と思わせないとダメですよと。

また、若い人に「教えてやろう」という態度はダメ。自分より少しだけ年下の人に自分の経験を話す、という姿勢のほうが響きます、と言っています。

私自身、そんなに見た目がどうのと言える立場ではないのですが、たとえば、自分が呼ん

評判のよい講師はどこが違う？

評判がよかった講師	評判がよくなかった講師
◎予定時間通りに終わる。 ◎自身の経験談を語り、受講者の生活と重ねることができる。 ◎元気があって、話が面白い！ ◎人間的魅力に富む。 ◎講座終了後に残って参加者とコミュニケーションをとる。 ◎自分の価値観を押しつけず、男性批判をしない。	×予定時間を延長してしゃべる。 ×高圧的で自分の価値観を押しつける！ ×暗くて説明下手。 ×カツゼツが悪く聞きづらい。 ×忙しすぎる（資料の到着が遅い、打ち合わせができていない）。 ×話がポンポン飛ぶ。 ×自分の本の宣伝が多い。 ×受講者の生活とかけ離れた経験を持った講師。（私にはあんなことはできない……と思われては逆効果）

（2003〜2005年度　受講者アンケートより）

でいただいた場合は、マニキュアは必ずするようにしています。自分がほかの方の爪や手先に目がいくので。まあ、自己満足とも言えますが。

時間通りに終わること

講師で「時間通りに終わる人」は評判がいいものです。私の講座も時間通りに終わるようにしています。一日講座だと何時から何時までは何をする、とレジメに書き、その通りに行います。「牟田さんの講座は時間通りに進むのがすばらしい」と言われています。

受講者は、講座の後にも予定を組んでいらっしゃいますし、電車やバスの時間もあるので、開始と終了の時間を守るのは受講者と講師間の最低限のルールだと思っています。ですから講師の方には「必ず時間通りに終わってください」とお願いしています。時間通りに終わると熱心さがないように見えるのでは、という心配は無用です。早めに終わると、確かにクレームは出ます。しかし時間通りに終わると評判がいいのです。

最後の時間一〇分くらいをとっておいて質問タイムにし、それより長くかかりそうな質問は、可能なら講座を終わってから受けるなどして、ともかく時間通りに終わらせることが大切です。

休憩は二時間程度の講座であれば必要ないと思います。ましてやディスカッションがある場合はそれがいい休憩になりますから入れません。年配者向けの講座の場合は、お手洗いなどの都合がありますから、休憩を入れるようにしています。あとは、そのときの受講者の様子を見ながら判断します。

自分の目で確かめる重要性

「とにかく人を呼べる講座を作りたい」とあせっていたときに、神奈川、埼玉、茨城の講座で「アサーティブトレーニング」というのがはやっているという話をキャッチしました。「これで若い人に来てもらえる」と勇んで企画したのですが、有料でないとどうしてもまかなえない。そこで、五〇〇〇円プラス資料代一〇〇〇円の六〇〇〇円で実施することにしたのです。

今まで無料の講座しか企画したことがなく、有料といってもせいぜい七〇〇円程度の材料費を徴収するくらいだったのが、何か物を提供するわけでもないのに受講料をとるという講座をはじめて行ったのです。いきなり六〇〇〇円ですから、人が本当に来るのかとずいぶん言われました。でも、ほかの地区では、五〇〇〇円の受講料でも即日いっぱいになる、大変人気のある講座。ほかのセンターもこのタイトルでしたし、安心していたのです。

ところが、蓋を開けてみると一六名しか来ませんでした。

受講料が原因ではなかった

私は、ぜひ一度「コミュニケーション講座」をやりたかったのです。女性は、書いたり人前で話すことに苦手意識を持っています。ですから、そのための訓練のような場を提供したかったのです。

しかし、講師を派遣する「アサーティブジャパン」の講師料はそれなりにかかりますから、一人六〇〇〇円を徴収し、税金である助成金をプラスしてまかなうことにしました。三〇名来れば講師料が払えるという目算でした。しかし、結局、一六名しか来なかったので、私たちスタッフも六名が六〇〇〇円支払い参加しました。これで二二名にしたのです。

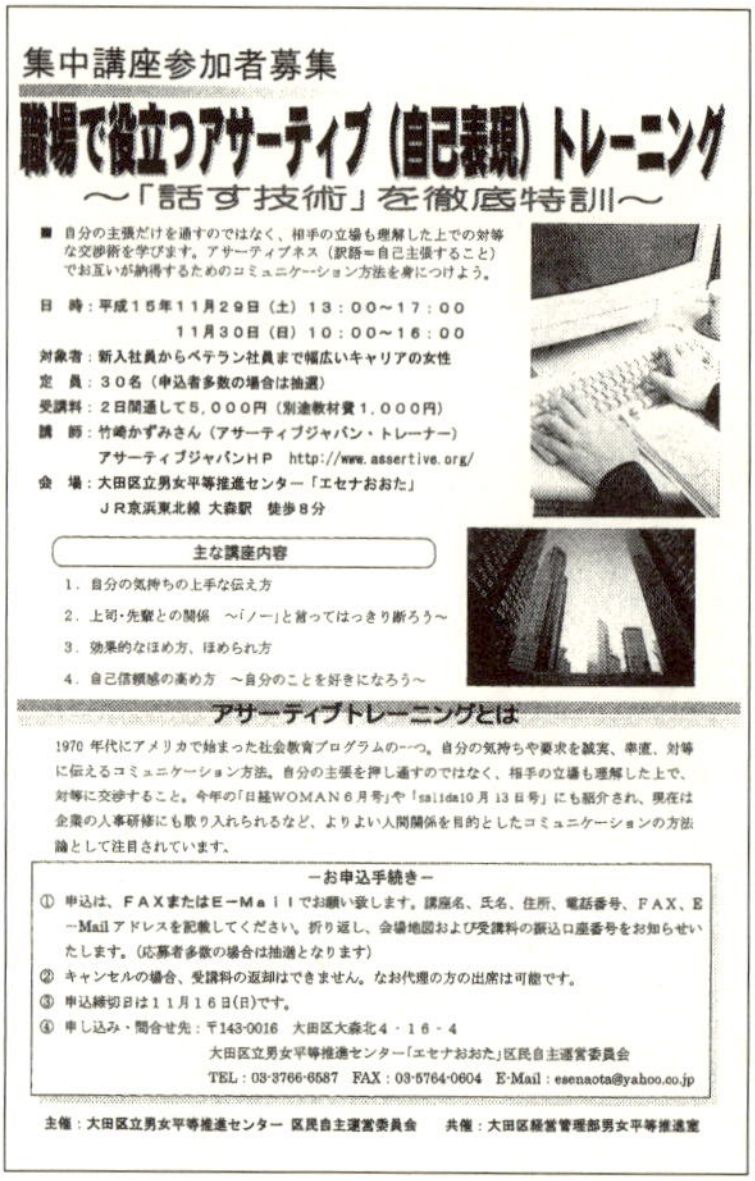
集中講座参加者募集
職場で役立つアサーティブ（自己表現）トレーニング
〜「話す技術」を徹底特訓〜

■ 自分の主張だけを通すのではなく、相手の立場も理解した上での対等な交渉術を学びます。アサーティブネス（訳語＝自己主張すること）でお互いが納得するためのコミュニケーション方法を身につけよう。

日　時：平成１５年１１月２９日（土）１３：００〜１７：００
　　　　１１月３０日（日）１０：００〜１６：００
対象者：新入社員からベテラン社員まで幅広いキャリアの女性
定　員：３０名（申込者多数の場合は抽選）
受講料：２日間通して５，０００円（別途教材費１，０００円）
講　師：竹崎かずみさん（アサーティブジャパン・トレーナー）
　　　　アサーティブジャパンＨＰ　http://www.assertive.org/
会　場：大田区立男女平等推進センター「エセナおおた」
　　　　ＪＲ京浜東北線 大森駅　徒歩８分

主な講座内容
1．自分の気持ちの上手な伝え方
2．上司・先輩との関係　〜「ノー」と言ってはっきり断ろう〜
3．効果的なほめ方、ほめられ方
4．自己信頼感の高め方　〜自分のことを好きになろう〜

アサーティブトレーニングとは
1970 年代にアメリカで始まった社会教育プログラムの一つ。自分の気持ちや要求を誠実、率直、対等に伝えるコミュニケーション方法。自分の主張を押し通すのではなく、相手の立場も理解した上で、対等に交渉すること。今年の「日経WOMAN６月号」や「salida10 月 13 日号」にも紹介され、現在は企業の人事研修にも取り入れられるなど、よりよい人間関係を目的としたコミュニケーションの方法論として注目されています。

－お申込手続き－
① 申込は、ＦＡＸまたはＥ－Ｍａｉｌでお願い致します。講座名、氏名、住所、電話番号、ＦＡＸ、Ｅ－Mail アドレスを記載してください。折り返し、会場地図および受講料の振込口座番号をお知らせいたします。（応募者多数の場合は抽選となります）
② キャンセルの場合、受講料の返却はできません。なお代理の方の出席は可能です。
③ 申込締切日は１１月１６日(日)です。
④ 申し込み・問合せ先：〒143-0016　大田区大森北４・１６・４
大田区立男女平等推進センター「エセナおおた」区民自主運営委員会
TEL：03-3766-6587　FAX：03-5764-0604　E-Mail：esenaota@yahoo.co.jp

主催：大田区立男女平等推進センター 区民自主運営委員会　　共催：大田区経営管理部男女平等推進室

イメージが内容に合っていなかった

その後、人が来なかったのは受講料が高かったからではないことがわかりました。一般で参加された一六人の中からアンケートをとったときに、「六〇〇〇円の価値はありましたか？」との問いにほとんどの人が「あった」と答えてくれたのです。

私はこの講座を受けてみて悟りました。「アサーティブトレーニング」は本当に心温まるコミュニケーションの方法で、ロールプレイを通じて学んでいくものです。

つまり、このチラシに使った写真がまったく「アサーティブトレーニング」に合っていない。きっとキャリアなイメージだろうとビジネスを連想する写真を使ったのですが、まったく違うのです。ほかで満杯で人気だったということは、ほかのセンターではこういうチラシではなかったということだったのです。

意味不明なカタカナ用語を使わない

そしてなにより、この「アサーティブトレーニング」という言葉がわかりにくすぎたのです。かっこつきで意味を説明しないとわからないような言葉を使うのは、絶対にやめようと決めました。

このタイトルとチラシは、ターゲットを「職場」という言葉で狭め、「アサーティブ」という言葉で狭め、どんどん受講しにくいように敷居を高くしていたのです。そこに気がつかなかったのです。

人が来なかったのは、企画者側の問題で、タイトルや宣伝の仕方が悪かったのだとはっきり理解しました。

ここから、私は私自身が目で見て、耳で聞いた講座しか選ばないようにしようと決めました。これが転機となり、これ以後、自分でもいろいろな講座に出るようになったのです。

同じ講師、同じ講座で定員オーバー

そして、翌年、六〇五〇円の受講料でタイトルを変えたのが、『プラス思考トレーニング』です。これは、定員オーバーしました。同じ団体から呼んだ講師で同じ内容の講座で

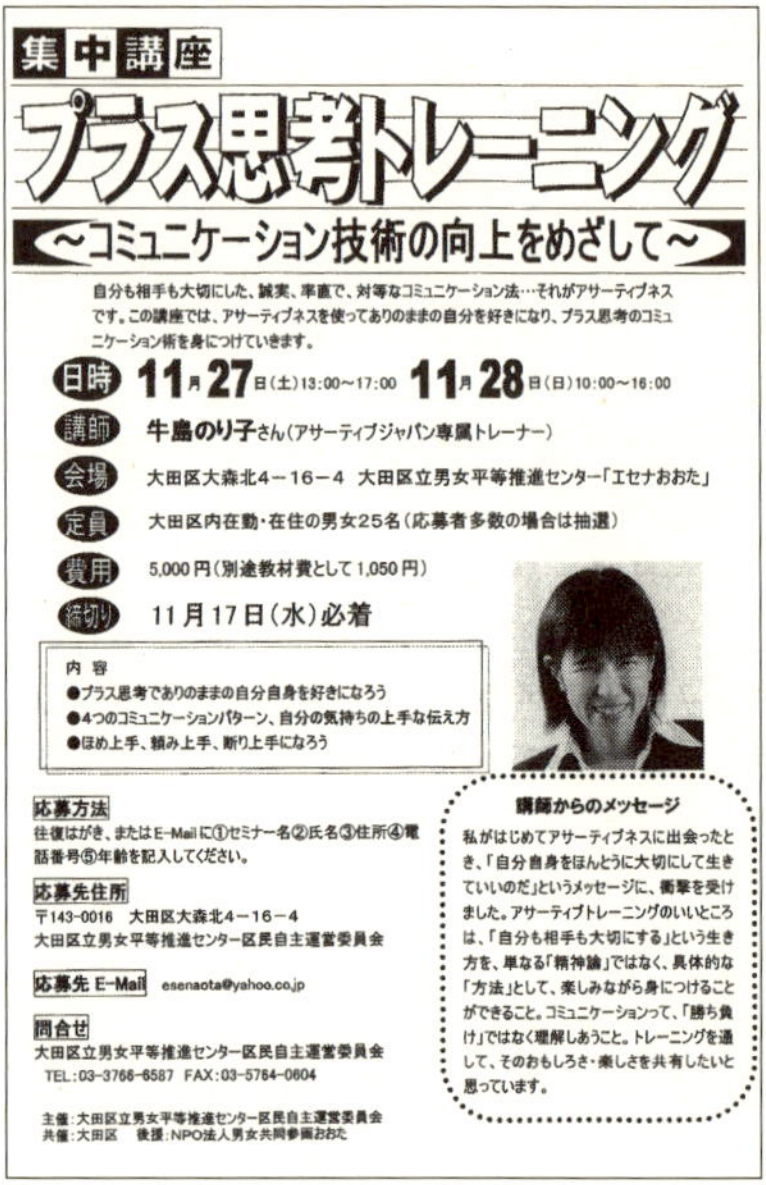
集中講座
プラス思考トレーニング
～コミュニケーション技術の向上をめざして～
自分も相手も大切にした、誠実、率直で、対等なコミュニケーション法…それがアサーティブネスです。この講座では、アサーティブネスを使ってありのままの自分を好きになり、プラス思考のコミュニケーション術を身につけていきます。
日時 11月27日(土)13:00～17:00 11月28日(日)10:00～16:00
講師 牛島のり子さん(アサーティブジャパン専属トレーナー)
会場 大田区大森北4－16－4 大田区立男女平等推進センター「エセナおおた」
定員 大田区内在勤・在住の男女25名(応募者多数の場合は抽選)
費用 5,000円(別途教材費として1,050円)
締切り 11月17日(水)必着
内容
●プラス思考でありのままの自分自身を好きになろう
●4つのコミュニケーションパターン、自分の気持ちの上手な伝え方
●ほめ上手、頼み上手、断り上手になろう
応募方法
往復はがき、またはE-Mailに①セミナー名②氏名③住所④電話番号⑤年齢を記入してください。
応募先住所
〒143-0016 大田区大森北4－16－4
大田区立男女平等推進センター区民自主運営委員会
応募先 E-Mail esenaota@yahoo.co.jp
問合せ
大田区立男女平等推進センター区民自主運営委員会
TEL:03-3766-6587 FAX:03-5764-0604
主催:大田区立男女平等推進センター区民自主運営委員会
共催:大田区 後援:NPO法人男女共同参画おおた
講師からのメッセージ
私がはじめてアサーティブネスに出会ったとき、「自分自身をほんとうに大切にして生きていいのだ」というメッセージに、衝撃を受けました。アサーティブトレーニングのいいところは、「自分も相手も大切にする」という生き方を、単なる「精神論」ではなく、具体的な「方法」として、楽しみながら身につけることができること。コミュニケーションって、「勝ち負け」ではなく理解しあうこと。トレーニングを通して、そのおもしろさ・楽しさを共有したいと思っています。

す。

前回の一六名のうちには主婦も多かったのですが、内容は話す技術なので、働いていても働いていなくても誰がやってもいい内容だったため、ターゲットは限定しませんでした。

絶対定員オーバーさせようと、このときのタイトルはかなり考えました。

ここで定員割れしたら、二度とこの講座もできないし、有料の講座もできないと思ったからです。二年連続で定員割れするとニーズがないと思われ、私たちもそう認めざるをえなくなってしまいます。「『アサーティブ』みたいにわけのわからないものに六〇〇〇円払う人はいないわよ」「主婦なら三〇〇〇円が限度だろう」などという根拠の薄い議論をしがちです。そうなると、二度とこの企画は日の目を見なかったでしょう。成功してほっとしました。

人に言えるタイトルに

その翌年には同じ内容で、今度は『がんばりすぎる人のためのハッピーコミュニケーショ

ン術』とタイトルを変えました。

前年の講座は土日連続で行いましたが、この場合は二週連続土曜日に開講。これも定員オーバーしました。

『プラス思考トレーニング』のときは、たしかに人は集まりましたが、ほかの講座に出ている人たちに「この講座いいから出てみたら」と誘ったところ、「タイトルが嫌だ」と言われたのです。「この講座に出たらマイナス思考だと思われる。だからこの講座に出てるなんて人に言えない」と。

そこで、「人に言えないタイトル」ではダメだとわかり、次の年は『がんばりすぎる人の～』に変えたのです。自分ががんばっていると自覚している人は、人に言えます。がんばっている人が集まっているからすごく雰囲気が明るかったです。

「『プラス思考トレーニング』なんて、そんな講座に出たら暗い人と思われる」

たった一人の意見には違いありませんが、私はそういう意見を大切にします。自分の近くにいる人の生の意見ですから。

教養講座と料金

有料講座を企画してみて、有料のほうが受講者が真剣だということもわかりました。欠席も少ないのです。今まで無料講座になれていた大田区民がお金を出してまで習いに行きたい、受講したいという講座なのです。

これまで、有料か無料かは、その人の身になるかどうかで分けてきました。啓発ものは無料で、その人の個人的な利益になるものは有料。韓国語やパソコンなど個人の身になるものは有料にしていたのですが、教養講座を有料にするのはすごく冒険でした。啓発の要素が大きいし、受講者個人の利益になるかというと、わからない。たしかに勉強になるのですが、韓国語のように言葉がしゃべれるようになる、というものではないのです。それでも人が集ったので、これはいけると思い、有料にしようということになりました。思い切って、二〇〇〇円。それでも一〇〇名以上来たのでもう安心です。

教養講座は、年々少しずつ料金を上げていってもいいと確信しました。四回で二〇〇〇円から、次は五回で三〇〇〇円と微妙に値上げして、『源氏物語』は四回で三〇〇〇円いただいています。それでも毎回一〇〇名以上の申し込みがあります。

四月、五月は講座のねらい目

四月、五月は、通常新学期や新しい生活に移る人が多いため、「何か新しいことを学ぼう」という雰囲気に満ちているはずなのですが、行政では、この時期には講座がないのが通例です。それは、この時期が行政機関も異動で新任者ばかりという時期だから。四月、五月に講座を開くためには二月、三月には準備をはじめなくてはなりませんが、異動があるから、自分が動くかもしれない、自分が企画したものは自分がやらないとダメだろうということで企画をさしひかえます。それに、四月からの予算も確定していない中で三月に次の年度の予算を使って広報をしていいものだろうか、と真面目な行政職員は悩むわけです。すると、四月の予算を使えるのは六月の講座の広報、となります。ですから、四月、五月は受講者は何かやりたいのに講座がないので飢餓感があり、そこで講座を開けば来てくれる可能性が高くなるのです。

第七章　失敗に学び、次回の成功に結びつけるポイント

講座を次につなげる方法

講座に人が来なかった場合、「人は少なかったけど、皆一生懸命やったからそれでよかった」と考えるのは非常に甘いです。たしかに一生懸命がんばったかもしれませんが、定員割れの事実にはしっかり向き合う必要があります。次はなんとか人を呼ぶ方法を考えるべきです。また、人が多勢来てくれた場合は、次につなげるためにはどうしたらいいかを探ります。事後の評価として次のようなポイントを押さえると、問題がはっきりします。

評価のポイント

①事前のプロセス

スタッフ全員が目標を共有して広報・宣伝できたか、役割分担はうまくいったか、このターゲットに対しての広報・宣伝はこれでよかったかを考えます。一人だけやっきになってもダメなのです。

②結果の評価

これははっきりしています。定員をオーバーしたかどうか、出席率で成否を見ます。

③アンケート回収率

受講者にはかならず講座の時間内にアンケートを書いてもらいます。このアンケートの回収率は受講者の満足度の目安になります。しらけていたら、アンケートを書く気にもならないものですから。

④受講動機と満足度

受講者には、かならず受講動機を確認します。何を見て応募してきたのか、チラシ、口コミなど、どういう広報で知り、応募につながったのかを聞きます。これは、口頭でもいいし、アンケートをとってもいいでしょう。次回につながるヒントがたくさんもらえます。

そして、満足度は高かったか、講座の目的は達成できたかを見ます。

⑤課題の抽出

次につなげるためには、ここがダメだったから次回はこうするというところまで考えたいものです。たとえば、私の話を聞いた後で、「東京とこの土地では地域性が違う」というような意見がよく出ますが、「ではどうすればこの地域ではうまくいくのか」と、前向きに取り組んでいただきたいと思うのです。

アンケートに「普通」はいらない

アンケートは二パターンあります。①質問項目をあらかじめ用意して書き込んでもらうものと、②白紙の紙に自由に感想を書いてもらうものです。これは講座に応じて使い分けるといいのです。

質問型のアンケートの場合、質問内容や選択肢にも気を配りましょう。「この講座の満足度はどうだったか」ということを聞く場合にも、

本日の講座の感想に○をつけてください。
大変よい　よい　普通　まあまあ　悪い　大変悪い

という選択肢を作りがちです。しかし、「普通」は必要ないと思っています。評価基準があいまいですし、つい面倒でここに○をつけてしまいがち。つまり「普通」というのは「ダメ」ということなのです。「まあまあ」などははっきり「悪い」わけです。

また、

本日の講座（講演会）の時間帯はいかがでしたか？

という質問を、現に来ることができた人に聞いても意味が薄いと思います。

書き込んだアンケートを受講者に毎回配布する

意識改革を促すような講座のアンケートには、真っ白い紙を渡します。何でもいいから、今日の感想を無記名で書いてもらう。『わたしへのごほうび講座』などは前回の講座で参加者が書いたアンケート内容を項目ごとにまとめたものを受講者に回すと、「私と同じことを考えていたんだ」とそれだけで安心する人がいます。最後に「毎回渡してもらったみんなのアンケートがうれしかったです」と書いてくれた人もいます。

事後調査でより効果の高い講座に

よりよい講座を作るために、アンケートのほか、事後調査をすると大変効果がありました。これは二〇〇四年から、再就職セミナーをもっと効果的にするために行ったものです。

「エセナおおた」では、再就職セミナーを行ったことはあったのですが、パソコン講座は一度もありませんでした。面接や自分の適職の見つけ方というマインド面の講座は過去数回ありましたが、再就職は、パソコンができなければできませんから、パソコンを教えましょう、ということになったのです。

幸い、近くの中学校のパソコンルームが借りられるということがわかり、生徒が使わない夏休みに「パソコン講座」を実施しました。

講師は外部の専門家に頼むので、講座の費用は七〇〇〇円に設定。これに対し、「エセナ」のメンバーたちは当初「七〇〇〇円なんて誰が来るの、三五〇〇円にしなさい」という意見でしたが、私は「パソコン教えるのに三五〇〇円だと来ませんよ」と反論しました。「どうせたいしたことは教えてくれない、と思われる。私は七〇〇〇円でも安いと思います」と、言い合いになったのです。最終的には「七〇〇〇円で本当に人が来るのね」と言われ、「来ると思います」ということで押し切りました。

そして、やっぱり来たのです。六三名の申し込みがありました。

七〇〇〇円を投じようというのは再就職したいという強い気持ちの表れだと思いました。

二〇〇四年度『女性のための再就職準備セミナー』

実施時期：二〇〇四年七月三〇日～九月三日毎週火曜日、金曜日　九時半～一二時　全一〇回
内容：キャリアアドバイザーによるマインドアップ講座三回、パソコンスキルアップ講座（「ワード」「エクセル」の基礎）七回
受講者三〇名、受講料七〇〇〇円、保育つき

こうして、盛況のうちに終了したのですが、この講座は七月～九月でしたから、受講者は翌年の四月から働き始める方が多いと予想して、半年後の二〇〇五年三月に追跡調査をしました。この講座は就職に役立ったのか、翌年の講座にどういう点をフィードバックすればいいか、などを調べようと思い、受講者一人一人に電話しました。就職したかどうか、就職したのは希望の職種だったかどうか、また、前回の講座の中身について何か希望はあるかどうか、と。また、働いていない方には、働いていない理由や、再就職セミナーで充実させてほしかったことをていねいに聞いていきました。

すると、なんとほぼ全員が再就職していなかったのです。

つまり、この講座は保育つきで一回七〇〇円と安いし、子どもを預けてパソコンを習いたかっただけというお母さんが多かったということです。

追跡調査の結果を見て、いくら講座に人が来ても再就職につながっていないわけですから、これではダメだ、とわかりました。

保育なし

そこで翌年はもっと就職に前向きな人を募集することにしました。

保育なし
パソコンスキルアップ講座の充実のため回数を三回増加
ワープロソフト「ワード」の授業で、実際に自分の職務経歴書を「ワード」で作成し、キャリアアドバイザーが添削するというプログラムを追加
表計算ソフト「エクセル」の授業では、女性の労働力率を用いてM字形となる折れ線グラフを作成し、女性を取り巻く雇用状況について説明
模擬面接の充実
化粧品会社に依頼し、美容部員による「面接に適したメイク方法」を実践
受講料：一万円
募集条件：再就職を希望していて、パソコンで文字入力ができる女性二五人

このように、翌年は保育をやめたのです。周囲からは批判を浴びました。「女性センターなのになぜ保育をつけないんだ」と。しかし、この講座は再就職をしてもらうことが目的なので、再就職する気がない人をわざわざ保育つきで助成する必要はないと考えたのです。

そのほか前回は一〇回だったものを、三回増やして一三回連続講座にしました。そのうち最初の二回と最後の一回はパソコンではなくキャリアアドバイザーの講義です。面接の仕方とか、仕事の探し方を講義してもらいました。

この講座には二〇代から六〇代まで幅広く、六八名が応募してくれました。子どもがいる人は、誰かに子どもを預けて参加してくれました。

事後調査でわかった受講者の本音

さて、この講座も翌年春に事後調査をしました。ところが、誰かに子どもを預けてまで受けにきた人でも、やはり就職活動をしていなかったのです。「どうしてですか？」と聞くと、「やっぱり三歳までは自分の手で育てたほうがいいと思って」「働くにしても子どもの預け先がない」「子どもが学校から帰ってくる時間にはうちにいたい」などの言葉が返ってきました。ここで、気づいたのが、「ああ、この人たちに必要なのはパソコン講座ではない」

ということ。

パソコンではなく、子どもと離れて働くことに対する意識改革講座が必要だったのです。

つまり、即実践の再就職講座のほかに、マインド面や、子どもを預けて再就職することへの不安の解消が必要だということがわかったのです。

そこで次の年にはこれまでマインドアップとスキルアップを一講座に盛り込んでいたのを、就職希望の度合いや子どもの年齢に応じて三講座に分けました。つまり、ターゲットによって分けたのです。

①『ママのための再就職不安解消セミナー』（全二回、保育つき）
②『再就職マインドアップセミナー』（全三回、保育つき）
③『再就職に役立つパソコンスキルセミナー』（全一〇回、保育なし）

①の不安解消セミナーは、第一段階。保育園の選び方や、子どもと離れて働くことは、子どもに悪い影響ではなくよい影響を与えるということなどを解説します。

②のマインドアップセミナーが第二段階。自分に向いている職種は何なのか、再就職の仕方、働くことについての考え方を学びます。

そして最後に③のパソコンのスキルを教えるセミナーという構成の講座群です。

パソコン講座の申し込みはメール

③のパソコンスキルに関しては、前回までは、受講者対象は文字入力ができる人としていたものの、申し込み方法ははがきや電話など何でもOKにしていたため、電源も入れたことがないという人が必ず五〜六人は混じっていました。その人たちに合わせると講座全体に遅れが出てしまいます。ですから〇六年は、申し込み方法はメールに限定。再就職したら所定の場所に朝九時までには行かなくてはならないのですから、講座開始時刻を朝九時にしました。それまで九時三〇分からだったのを三〇分繰り上げ、保育はつかない、メール申し込み限定と厳しい条件にしたのです。

①、②、③とすべての講座をチョイスできますから、全部受けてもいいし、①と③だけを受けることも可能にしました。

受講者の段階に沿って成功

その結果、

①『ママのための再就職不安解消セミナー』は二五名定員で三五名の申し込み
②『再就職マインドアップセミナー』は二五名定員で三二名の申し込み
③『再就職に役立つパソコンスキルセミナー』は二五名定員で四二名の申し込み

と、前年度の申し込みに比べて一つ一つの応募人数は減ったものの、受講者ニーズに合った内容を実施することができました。私たちの目的は応募人数が多ければいいというわけではなく、確実に再就職してくれることなのですから。

受講者もそれまでの人たちに比べてやる気が違いました。講座の途中で「就職が決まりました。でも講座は受け続けたいんですが」という人も出てきました。本気で再就職を目指している人たちが集まるので、パソコンの講座も進み方が早く、「ワード」五回、「エクセル」五回ですが、自分の経歴書を作り、それをキャリアアドバイザーに見せて添削してもらう。それこそ明日すぐにでも出せるようなものを作るようにしました。さらに、当初は教える予定はなかった関数までできました。やはりそれなりに皆の意識が高かったのだと思います。

この成果は追跡調査するのが楽しみです。

また、この講座は、ハローワークに置いたチラシを見て応募してくれた人が多かったのですが、ハローワークの認定日は就職活動をしているとか、何か正当な理由があれば変更してもらえるのですが、このパソコン講座は再就職という言葉がついたとしても、就職活動や就職準備というより、単なるパソコンのセミナーとしか思えないとハローワークの職員に言われてしまったらしいのです。今後は、ハローワークの認定日と講座の日程が重なっても、この講座に出ていれば認定日を変更してもらえるような仕組みを作るつもりです。

こういった努力をすることで、これらの講座がちゃんと就職講座として認知されていくと思っています。

保育スタッフもウリになる

「エセナおおた」の理事の白井さんが代表である前述の「保育ネットワーク〝Bear〟」という任意団体はしっかりと訓練した保育者を抱えています。講座のときはその人たちに保育を任せています。また、その〝Bear〟の保育は評判がとてもいいのです。この間の講座のときに「なぜこの講座に来たのですか？」と聞いたら、「保育者が〝Bear〟さんだから」という人もいらした。「ああ、これも宣伝文句になるんだ」と思いました。今度からチラシに書こうと思います。「この講座の保育担当は評判の、『保育ネットワーク〝Bear〟』です！」と。

参加者をつなげて次の企画へ

本書ですでに何度か触れたように、受講者同士が仲よくなり、それが次の企画につながったり、サークルができると、講座の本来の目的、たとえば「男女共同参画社会への理解」とか、「男性の家庭参画」「男性の意識改革」がもっとも自然な形でかなえられたことになります。その実例をお示ししましょう。

①参加者ターゲット：専業主婦

『女性のための心の栄養補給講座』（〇四年五月実施、四回連続講座）に集まった参加者の中から秋に行う講座の企画員を募集し、企画会を実施（〇四年六月〜七月実施、全八回）。それが『コミュニケーション上達講座』開催（〇四年一〇月〜一二月）につながりました。

②参加者ターゲット：未就園児とその親

毎月二回（平日午前中）、親子でわらべ歌や手遊びを行う広場「ぴよたまクラブ」を開催していますが、同様の内容で男性の保護者が参加できる『おとうさんといっしょ！』（〇四年七月一〇日、土曜日）というイベントも開催。

妻から聞いてイベントに参加した方が多数いたのです。そこで、〇四年一二月二三日（木・祝）に申し込み制の『ぴよたまクリスマス』を開催。チラシのみの宣伝にもかかわらず三〇組の定員に対し、五〇組以上の申し込みがありました。

③参加者ターゲット：男性

〇四年七月の毎週土曜日に男性対象のセミナーを開催。

●七月一〇日（土）『おとうさんといっしょ！』（男性の保護者と未就園児）
●七月一七日（土）『魚のさばき方』ヤング編（四九歳以下の男性）
●七月二四日（土）『魚のさばき方』アダルト編（五〇歳以上の男性）
●七月三一日（土）『名人が教える手打ちそば作り』（男性の保護者と小学生）

抽選にもれた方へ返信用はがきに〇四年九月から実施の『男の生き方セミナー』の宣伝を掲載。二〇名の募集に対し四六名が応募し、その結果、夏の料理講座のアダルト編の方と合体してサークルができました。

どちらの講座に人が集まったでしょう？　その②

オレ流 男の生き方セミナー

～力を抜いて生きようよ～

あらゆる価値観が揺らいでいく中で、自分たち男性も変わらざるを得ない状況にあると痛感しています。会社中心のこれまでの生き方を振り返り、地域や家庭での絆のリセットをはかりましょう。このセミナーで人生における「力の抜き方」を学びませんか？

回	日程	テーマ・
1	10/15㊏ 13時半～16時	「男らしさ」から「自分らしさ」へ　① ～会社人間から生活人間になろう～
2	10/29㊏ 13時半～16時	「男らしさ」から「自分らしさ」へ　② ～コミュニケーション上手になろう～
3	11/12㊏ 13時　～16時半	家事としての料理の達人になろう①～洋食編～ ～本式ビーフカレーとハンバーグをつくろう～
4	11/19㊏ 13時　～16時半	家事としての料理の達人になろう②～和食編～ ～プロ味の肉じゃがとあじのタタキをつくろう～

講師

昨年度の講師で男性の受講者から大好評だった

吉田　清彦さん（家事としての男の手料理研究家・フリーライター）

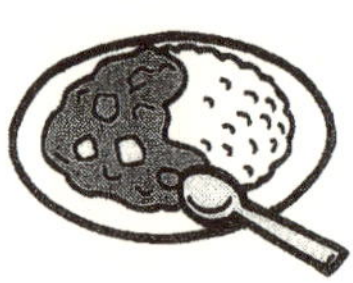

●対象：原則全回出席できる男性

●定員：30名（応募者多数の場合は抽選）

●費用：調理実習費として2000円

●場所：10/15、10/29はエセナおおた
11/12、11/19は大田文化の森

●応募〆切：2005年10月5日（水）

＊申込み方法は裏面をご覧ください。

主催／大田区立男女平等推進センター区民自主運営委員会　　共催／大田区

さよなら、会社人間

男の生き方塾

～黄金の60代を創ろう～

あなたは定年後の自分がどういう日常を送っているか想像できますか？定年後は収入面、人との関係、妻との関係、健康面等々あらゆることが大きく変化をします。大きな変化の中で、そろそろ肩の力を抜いて、会社中心の生き方をリセットし、豊かで充実した人生を送るために必要なヒントを見つけましょうよ。この講座はこれまで「会社人間」としてがんばってきた人に贈る、体験学習も含めた男性応援講座です。

2006年 11/18(土)～12/16(土) 5回連続講座

毎週土曜日 13時半開始

	日時	テーマ・内容
1回	**11月18日(土)** 13:30～16:00	人生再設計のススメ ～会社人間から生活人間へ～
2回	**11月25日(土)** 13:30～16:00	定年後の期待と不安 ～男たちはかく悩んだ～
3回	**12月2日(土)** 13:30～16:00	地域社会とのつながりづくり
4回	**12月9日(土)** 13:30～16:00	これからがおもしろい第二の人生！
5回	**12月16日(土)** 13:30～16:00	調理実習 男の腕まくり～プロに教わる料理の基本のワザ～

体験学習あり

■講師：吉田清彦さん（調理師・フリーライター）ほか

■会場：大田区立男女平等推進センター「エセナおおた」（JR大森駅から徒歩8分）

　＊5回目の調理実習のみ「池上会館」（東急池上線池上駅から徒歩10分）

■対象：男性

■定員：先着30名

■参加費：1,000円

■応募方法：ＦＡＸ、E-Mail、ハガキ（詳細は裏面をご覧ください）

主催：NPO法人 男女共同参画おおた　　共催：大田区

この事業は「女性が輝く地域づくり（地域活性化事業研究事業）」として内閣府から委嘱されています。

②

←答えは次のページ

さて、ここまでいろいろ述べてきて、今一度、クイズです。前々ページと前ページの講座のどちらに人が集まったでしょうか。これは、大きく差が出たケースです。

①は〇五年の企画です。
②は〇六年の企画です。

〈答え〉

答えは①です。

①は三〇名募集に五五名の応募。②は三〇名の募集に二一名しか集まらず、締め切り後再度募集をかけて三二名に。②の場合は、チラシも熱心に配り、ポスターの駅貼りもし、どうも人数が少ないとわかってから、チラシをもう一回まきました。去年の参加者や抽選にもれた方にもダイレクトメールを出しました。しかし、惨敗でした。

企画したのはまさにターゲットの皆さんなのですが、「まさにターゲット」の人たちが企画するがゆえに、軌道修正が必要です。がんばりすぎてしまったり、自分たちの思いや学んだことを「後輩」に「教えよう」という姿勢が出すぎると失敗するのです。

企業でも、「中年男性」が企画したからといって、その「中年男性向け商品」が売れるとは限らないのと同じだと思います。

チラシを見た人の意見

①のチラシの印象

「力を抜いて生きようよ」が響く
何を作るのかわかる
書体がやわらかい
料理を覚えたい男性が多いからよい
「プロ味の」が効いた
「コミュニケーション」という言葉がよかった
土曜で隔週だったのでよかった

本当は平日の夜、水、木だとちょうどいい息抜きになるのだが週末はきつい

②のチラシの講座

「黄金の六〇代」と、わざわざ年代を限定している。六〇代以外の人は手に取らない

一回では料理が覚えられそうもない。仲間作りくらいで終わりそう

力が入りすぎ

変えてやろうという意図がありあり

土曜に毎週五回はきつい……家庭の用事もある

レッツ系がうっとうしい

「人生再設計のススメ」はいい

「これからがおもしろい」という表現がいい

「男たちはかく悩んだ」という表現は暗い

「男性応援講座」という言葉は響く

あとがき——熱意が作る「女神のサイクル」

講座作りについてのノウハウを綴《つづ》ってきましたが、私は広告代理店にいた経験もありませんし、コピーライターでもありません。仕事をしていたころも、講座の企画などしたことはありませんでした。経験もノウハウもない私がなぜ人の集まる講座を作ることができたのか？

まず基本的なこととして講座の企画から広報・宣伝活動、当日の講座運営、さらには講座終了後にまとめをし、その結果を次の講座の企画にいかしていくということを行いました。

過去に人が集まらなかった講座の報告書に目を通し、失敗事例に学んだのです。一八七ページの図でそれを示しています。私はこのサイクルを「女神のサイクル」と呼んでいます。

しかし、なんといっても重要になってくるのは、担当者の熱意と努力だと思っています。

自分の足で探した講師の話を多くの人に聞いてもらいたい、またすべての講座は男女共同参画社会の実現を図るために必要なものなのだと思えば、おのずと広報・宣伝にも力が入ります。

現在私自身が全国の自治体から講師依頼があり、講座に人を集めるための企画の方法などを教えており、その際に担当者の熱意と努力の差を目の当たりにした事例があります。

A市とB市から同時期に講師依頼がありました。どちらも『行列のできる講座の作り方』というタイトルで講師も同じ（私）でありながら、A市は一〇〇名の会場をいっぱいにするほどの受講者を集めたのに対し、B市は一〇名程度しか受講者が集まらなかったのです。

両者の違いは、担当の方が私の講演を直接聞いたことがあるかどうかにありました。A市は一度私の話を聞いたうえで依頼してこられ、できるだけ多くの市民に私の話を聞いてほしいと考えてくださり、チラシも私に添削依頼をし、大学やNPOなど講座を企画している多くの団体にチラシを配り、さらに地元のFMラジオで宣伝したのです。その結果一〇〇名を超える受講者を集めました。かたやB市は私の話を聞いたことがなく、噂だけで私に講師依頼をしてこられました。いつも通りのチラシを作り、いつも通りの場所にチラシを置いたということで、結果一〇名程度しか受講者は集まりませんでした。

ですから、「誰だから」「こういう内容だから」ということはないのです。

熱意をもって講座の企画、宣伝を行い、工夫を惜しまなければきっと人の集まる、行列のできる講座になると信じています。

著者

女神のサイクル

総括
講座後の
アンケート分析
事後調査
企画
目的の明確化
講師の選定
担当者の熱意と努力
タイトル
決定
ターゲットに
合わせて選定
広報·宣伝
活動
講座運営
講師と密に
打ち合わせ

牟田静香

1967年、福岡県飯塚市に生まれる。高校卒業後、地元の航空会社に就職。夫の転勤で東京都大田区に移る。そこで経験した苦難の日々が、区の男女平等推進センター「エセナおおた」の活動に参加することで救われる。しかし、同センターが主催する講座に閑古鳥が鳴いていることに悩み、人を集めようと必死で工夫するうち、定員オーバーのヒット講座を連発するようになる。噂を聞きつけた全国の自治体等から、その方法を教えてほしいと、彼女自身に講演依頼が殺到。「行列のできる講座の作り方」「思わず手に取るチラシの作り方」を教えて飛び回る毎日を送っている。本書は彼女がそのノウハウを徹底解説したものである。

講談社+α《プラスアルファ》新書 344-1 C

人《ひと》が集《あつ》まる！ 行列《ぎょうれつ》ができる！
講座《こうざ》、イベントの作《つく》り方《かた》

牟田静香《むたしずか》

2007年 4 月20日第 1 刷発行
2013年12月 2 日第15刷発行

発行者―――――― 鈴木 哲
発行所―――――― 株式会社 講談社
東京都文京区音羽2-12-21 〒112-8001
電話 出版部(03)5395-3532
販売部(03)5395-5817
業務部(03)5395-3615

デザイン――――― 鈴木成一デザイン室
カバー印刷――― 共同印刷株式会社
本文図表―――― 朝日メディアインターナショナル株式会社
印刷――――――― 慶昌堂印刷株式会社
製本――――――― 株式会社若林製本工場
本文データ制作― 講談社デジタル製作部

ISBN978-4-06-213906-9

講談社＋α新書

カイシャ英語 取引先を「Mr.」と呼んだら商談が破談？
ディビッド・セイン
社会人必携!! 日本語で学ぶ英語マナーブック。TPO別!! 仕事の英語と欧米文化がわかる！
800円 336-1 C

「70歳生涯現役」私の習慣
東畑朝子
未知の70代、80代を元気で送るキホンのキ！ 簡単な習慣を続けることで美味しく楽しく！
800円 337-1 A

私塾で世直し！ 実践！「イジメ」「不登校」から子供を救った闘いの記録
河野敏久
〝熱血教師〟だった筆者は、学校に失望して塾を開き、「いじめも差別もない」真の教育を目指した！
800円 338-1 C

日本の地名遺産「難読・おもしろ・謎解き」探訪記51
今尾恵介
地名は歴史のタイムカプセル！ ナゾの地名、ヘンな地名を訪ね歩き、隠された物語を発見!!
876円 339-1 D

仕事のできる人の話し方
工藤アリサ
IQは不要、人生を決めるのはあなたの言葉!! 八万人のデータが示す成功法則と会話の実例を。
800円 340-1 C

下流にならない生き方 格差社会の絶対幸福論
真壁昭夫
百人百通りの解釈が成り立つ「格差論議」の不毛を一刀両断。実務派経済学者の提言・直言！
800円 341-1 C

あなたも狙われる「見えないテロ」の恐怖
NBCR対策推進機構
N（核）B（生物）C（化学）R（放射能）兵器による「21世紀型テロ」が日本を襲ってくる
800円 342-1 C

悪女たちの残酷史
岳真也
淫蕩、凶暴、冷血。女は誰でも突然、変身する!! 古今東西の悪女ベスト20を4つのタイプに分類。
838円 343-1 C

人が集まる！ 行列ができる！ 講座、イベントの作り方
牟田静香
応募殺到のヒット講座を連発するカリスマ担当がノウハウ公開！ 胸に響く言葉で人を呼べ！
800円 344-1 C

古戦場 敗者の道を歩く
下川裕治 著・編
「週刊ビジュアル 日本の合戦」編集部編
源平、戦国、幕末と38の合戦の流れを追いながら史跡を訪ねる。地図と写真入り、歩く合戦史
800円 345-1 C

表示価格はすべて本体価格（税別）です。本体価格は変更することがあります